丛书主编　汤重南

抗战十四年·中华儿女传奇

# 刘老庄战斗

铁春燕　著

南京出版传媒集团
南京出版社

**图书在版编目（CIP）数据**

刘老庄战斗 / 铁春燕著. -- 南京：南京出版社，2018.8

（抗战十四年·中华儿女传奇）

ISBN 978-7-5533-2209-4

Ⅰ. ①刘…  Ⅱ. ①铁…  Ⅲ. ①抗日战争－史料－淮安  Ⅳ. ①K265.06

中国版本图书馆CIP数据核字（2018）第069905号

**丛 书 名**：抗战十四年·中华儿女传奇
**总 策 划**：卢海鸣
**书　　名**：刘老庄战斗
**作　　者**：铁春燕
**出版发行**：南京出版传媒集团
南 京 出 版 社

社址：南京市太平门街53号　　邮编：210016
网址：http://www.njcbs.cn　　电子信箱：njcbs1988@163.com
联系电话：025-83283893、83283864（营销）　025-83112257（编务）

**出 版 人**：项晓宁
**出 品 人**：卢海鸣
**责任编辑**：方　婧　余　力
**装帧设计**：王　俊
**责任印制**：杨福彬

**制　　版**：南京新华丰制版有限公司
**印　　刷**：南京玉河印刷厂
**开　　本**：787毫米×1092毫米　1/16
**印　　张**：6.5
**字　　数**：71千
**版　　次**：2018年8月第1版
**印　　次**：2021年4月第2次印刷
**书　　号**：ISBN 978-7-5533-2209-4
**定　　价**：20.00元

# 编 委 会

# 总　序

中华民族是一个有着5000多年文明史的伟大民族，为人类文明进步做出了不可磨灭的贡献。进入近代以后，由于列强的入侵和封建统治的腐败，中国落伍了，一步步沦为半殖民地半封建社会。特别是由于日本军国主义的野蛮入侵，中华民族濒临亡国灭种的境地。1931年9月18日，日本帝国主义悍然对驻守沈阳的中国军队发动进攻，制造了蓄谋已久的九一八事变。

“兄弟阋于墙，外御其侮。”面对日本军国主义的野蛮侵略，中华民族并没有在外敌面前屈服、倒下，而是更加同仇敌忾、奋勇杀敌。在整个抗战期间，在中国共产党领导的抗日民族统一战线指引下，中国各党派、各民族、各阶级、各阶层、各团体以及海外华侨华人义无反顾地投身到抗击日本侵略者的洪流之中，进行了艰苦卓绝的战争。特别由中国共产党领导的东北抗日联军、八路军、新四军更是在异常艰苦的条件下英勇抗击日本侵略者，取得了一个又一个骄人战绩。他们的英勇事迹在中华民族反抗外敌侵略的历史上谱写了光辉的一页，充分凸显中国共产党在整个抗日战争中的中流砥柱作用。最终中国人民取得了抗日战争的伟大胜利，宣告了世界反法西斯战争的完全胜利。中国人民抗日战争胜利是全体中华儿女的荣光。

2015年9月3日，习近平同志在《纪念中国人民抗日战争暨世界反法西斯战争胜利70周年大会上的讲话》中明确提出："中国人民经过长达14年艰苦卓绝的斗争，取得了中国人民抗日战争的伟大胜利，宣告了世界反法西斯战争的完全胜利。"在中央政治局第25次集体学习时，习近平同志进一步提出："要注重研究九一八事变后14年抗战的历史，14年要贯通下来统一研究。"2017年1月，教育部要求各级各类教材全面落实"十四年抗战"概念，把中小学地方课程教材中的"八年抗战"字样改为"十四年抗战"，并根据情况修改与此相关内容，确保树立并突出十四年抗战概念。这表明，长期以来认识不尽一致的抗日战争的起点问题，最终通过进入教材的形式加以解决。

"十四年抗战"概念的提出，体现了将九一八事变、东北抗战等局部抗战与1937年卢沟桥事变后的全面抗战作为一个整体来观照和研究，更能增强震撼力和感染力。另外，长期以来，中国抗日战争史就面临着被"西方中心论"者消解、忽视的境遇，作为第二次世界大战和世界反法西斯战争的东方主战场，中国战场的历史地位在欧美大中小学教材和研究著作中不被重视；而全面抗战爆发前的中国人民，特别是中国共产党领导的东北抗联的孤军奋战，更是鲜有人问津。"十四年抗战"进入中国国民教育系统，是扭转这一局面的重要举措，是在国际范围内建立自身历史话语权的现实需要。这也是对毛泽东主席所说的"伟大的中国抗战，不但是中国的事，东方的事，也是世界的事”“我们的敌人是世界性的敌人，中国的抗战是世界性的抗战”等论断的最好诠释。

此套丛书以通俗易懂的语言、引人入胜的故事、准确的历史史实，展现抗战期间在中国共产党领导下的东北抗日联军、八路军、新四军英勇抗敌的14个经典战役战斗事迹，再现波澜壮阔的敌后战场、机动灵活的战略战术和引以为傲的骄人战绩。向广大青少年表达中华儿女视死如归、宁死不屈的民族气节，不畏强暴、血战到底的英雄气概，百折不挠、坚忍不拔的必胜信念。同时，通过对中国共产党领导下的一个个经典战役、战斗的讲述，一方面，加强对青少年乃至全社会的历史传承，消除近年来“抗日神剧”等历史泛娱乐化所造成的认识混乱以及价值观扭曲，积极正本清源；另一方面，通过史实再次证明中国共产党在抗日战争中的中流砥柱作用，拆穿日本右翼势力矢口否认日本对中国发动的侵略战争、极力美化日本在中国所犯下的滔天罪行的惊天谎言。

“以史为鉴，可以知兴替。”当下，我们正走在实现中华民族伟大复兴中国梦的征途中，国家综合实力、人民生活水平都有显著提高。越是在这种时候，我们越是不能忘记为了实现民族独立、人民解放而抛头颅、洒热血的革命先烈和革命事迹。相信通过此套丛书的出版，必将具有深远的历史意义和极强的现实意义，也必将在国内外产生广泛反响。

汤重南

（中国社会科学院研究员、博士生导师，

中国日本史研究会名誉会长，中日历史共同研究委员会中方委员）

# 目 录

# 引 言

2015年9月3日，世界瞩目的焦点凝聚在北京天安门广场。纪念中国人民抗日战争胜利70周年阅兵式精彩亮相。三军检阅，铁甲生辉，战鹰呼啸，壮志凌云，彰显了中国自信和中国骄傲。整齐划一的英模部队徒步方阵，逐一威武行进。其中一列方队的引导大旗上“刘老庄连”四字赫然醒目，令人肃然起敬。

刘老庄连，一个群体英雄的名字，一段荡气回肠的历史，一个国家的记忆，一座永恒的丰碑。

英雄的情结瞬间被点燃，烙在心底的记忆顷刻被激活。那面旗帜猎猎招展，仿佛一种象征，一种昭示，一种蕴含。整个方阵在簇拥它，呵护它，成为它坚强的后盾。刘老庄连在坚定地前行，英雄无悔、视死如归、正气浩然地前行。那是整个新四军坚持华中敌后抗战精神风貌的浓缩、凝练和幻化……

历史被定格在1943年苏北平原一个叫刘老庄的地方。一次猝不及防的遭遇，将新四军第3师所属的第4连推向了一场艰苦卓绝的血战。

面对武器装备精良、兵力强大的日军，全连82位指战员，没有退缩，殊死战斗，英勇对抗日军千余人，以血肉之躯捍卫民族尊严，彰显英雄本色。从晨曦初露到暮色黄昏，从子弹打光到近身肉搏，82位勇士全部战死疆场，以身报国。而换来的是日伪军死170余、伤200余的巨大代价。

这一仗如此惨烈与悲壮，可谓惊天地，泣鬼神。当增援部队赶到时，硝烟尚未散尽，但战场已归平寂。在收敛烈士遗体时，人们发现烈士们仍然是一种战斗姿态，一种与敌人同归于尽的雕像般的姿态。当一个英雄连队与一个普通村庄如此荡气回肠地联结在一起的时候，就注定了它们永远镶嵌在中国抗战史的巍巍丰碑上。

朱德用“我军指战员英雄主义的最高表现”来褒奖他们。陈毅则称“烈士们殉国牺牲之忠勇精神，固可以垂式范而励来兹”。战后，当地政府从地方武装中抽调了82位青年送进这支部队，以继承烈士遗志。第3师师长黄克诚决定重建第4连，并正式命名该连为“刘老庄连”。

再现刘老庄连的历史，就是在推开一扇厚重的记忆之门，就是在复活为民族而战的英雄群雕。面对他们，我们不将再是泪流满面，而是昂然而起，义无反顾，从苦难走向辉煌，走向伟大的民族复兴。

# 一 | 苏北，一方热土

1938 年的深秋，陕北高原那座巍峨雄壮的宝塔山备受国人瞩目。那天，透过延安窑洞的木格窗棂，摇曳的烛光下，神情肃然的毛泽东正与其他的决策者们思考着一个严峻的现实问题。

当时的华北，日军正以极其野蛮的手段将战争的残酷推向极致。依赖贫瘠山区战斗的八路军正以最大的民族牺牲精神顽强地抗击日军。可以说华北抗日斗争形势是日趋艰难。而在华中，随着徐州、武汉等大城市的沦陷，国民党军队丢城失地，节节败退，敌后大片地区则出现了有利于开辟敌后游击战场的大好时机。为此，毛泽东开始将他深邃的目光从华北移向华中。他掷地有声地说："华中为我最重要的生命线，不入华中则无以生存。"毛泽东这一对全局发展有着至关重要意义的战略思想在其后中共六届六中全会上得到了确立。会上，刘少奇被任命为中共中央中原局书记，肩负发展华中的重任。这年 11 月，刘少奇离开延安，前往华中履职。

刘少奇轻装简从，兼程南下，从河南到淮南再到皖东。面对广袤的华中地区，刘少奇以深邃的战略眼光，择定黄淮河冲积平原的苏北地区作为发展华中的战略突击方向。其依据为“苏北孤悬敌后，背靠山东，凭江据海，便于抗战。同时可打通华北、华中抗日根据地的联系，便于八路军和新四军之间的互相依托，互相策应”。苏北的地域优势跃然其间。对此，刘少奇多次强调：“这是我们的突击方向，应集中最大力量向这方面发展。”刘少奇以其非常明晰的思路，将这一区域界定为“长江以北、陇海路以南、津浦路以东、大海以西”，这就是当年华中抗战中出现频率很高的“大苏北”概念。

刘少奇坚定地执行党中央“发展华中”的战略方针，在抗日民族统一战线的旗帜下，面对顽固派的反共军事行动，既敢于反“摩擦”，又善

中共六届六中全会主席团成员

于反“摩擦”。在斗争中求生存，在生存中求发展。发展华中，延安是决策者。而这一战略棋盘的主旗手则是刘少奇。

陈毅与粟裕率部进军黄桥

为了开辟苏北，地处苏南一隅的新四军陈毅部，率先踏上了风尘滚滚的东进北上征程，经过扬中探路、泰州联李、郭村借道，终于将猎猎作响的抗战大旗插在苏北厚实的大地上。然而，严峻的考验接踵而至，在新四军抗战史上留有重笔的黄桥决战拉开了序幕。霎时，苏北小镇硝烟弥漫，战云密布。对峙的双方为号称拥有10万之众的国民党江苏省政府主席、反共顽固派韩德勤部与陈毅、粟裕率领的仅有7000多人的新四军苏北指挥部。力量悬殊，态势逼人，千钧一发。肩负发展华中重任的刘少奇以及延安和重庆都将目光聚焦于这一非常的时空间。

面对苏北严峻形势，刘少奇指示已经抵达苏北淮海区的八路军第五纵队迅即南下。这是一支参加过平型关大捷的八路军主力部队。正是为了走活“发展华中”这一军事棋盘上的制胜一招，运筹于延安的毛泽东决定将这一利箭射向华中，以期决胜于千里之外。时在太行山的八路军第115师第344旅政委黄克诚接到八路军总部的电令后，迅即率领所部挥师华中，剑指江淮，跨越陇海路，挺进豫皖苏。这支部队在皖东北时改编为八路军第5纵队，黄克诚任司令员兼政委，下辖第1支队，司令员彭明治，政治委员朱涤新；第2支队，司令员田守尧，政治委员吴信泉；第3支队，司令员张爱萍，政治委员韦国清。全纵队近两万人。

其中第1支队由苏鲁豫支队改编。这是一支具有光荣革命传统的队伍。它的前身为大革命时期著名的叶挺独立团，诞生于1925年11月，是中国共产党掌握的第一支正规武装。北伐战争中，该团担任先遣队，所向披靡，屡建奇功，赢得“铁军”美誉。之后，该团参加了八一南昌起义。1928年4月，朱德、陈毅率领该团与毛泽东领导的秋收起义部队胜利会师井冈山，毛泽东亲自在该团二连进行“三大纪律六项注意”

八路军第5纵队领导合影，前排左四为黄克诚

的试点，因而该团成为中国人民解放军政治工作的发源地。二万五千里长征中，该部经常担负前卫任务，斩关夺隘，抢险飞渡。著名的突破乌江，飞夺泸定桥，奇袭腊子口，均为该部战绩。抗战时期，该部在华北参加了著名的平型关大捷，后随黄克诚南下支援新四军华中抗战。

根据刘少奇电示，八路军第5纵队风疾雷动，星夜奔驰，由淮海区突破盐河，进入盐阜区。第1支队是第5纵队的先遣支队，最早开辟了淮海区，继之，又受命进军盐阜区，可谓冲锋陷阵。他们以横扫千军如卷席之势，摧垮了韩德勤道道防线，迅速解放了阜宁县、盐城县，以及整个盐阜区。八路军部队南下苏北盐阜区，无疑对新四军陈毅部是个极大支持。这是一个战略呼应的态势，并有望缩小到战役的配合。其实，战争不仅仅是实力的抗衡，同样也是智慧的较量。陈毅正是凭借他的智慧和胆识打赢了黄桥保卫战，击溃了韩德勤的主力部队，一举改写了苏北力量对比。此举成为开辟苏北的一个奠基礼。此后，新四军部队继续北上。

为尽快与新四军部队会师，黄克诚即令第1支队急速攻击前进，一路南下。新四军、八路军沿着横亘盐城东部蜿蜒绵长的范公堤，南北对进。1940年10月10日，八路军第5纵队第1支队第1团第3营与新四军第2纵队第6团在盐城南面的白驹狮子口胜利会师。从而标志新四军、八路军协同开辟的战略任务的完成，打开了华中抗战的新局面。10月的苏北平原，轻风拂面，秋高气爽。陈毅特地从海安新四军苏北指挥部驻地，前往盐城，慰问南下的八路军部队。黄克诚从阜宁东沟赶往盐城相迎。在盐城，八路军第5纵队第1支队召开了营以上干部会议，欢迎陈毅讲话。陈毅高度肯定了八路军南下支援新四军抗战，为开辟苏北发挥了重要作用。他称颂第 1 支队的骨干来自于井冈山时期的红四军，是一支久经考验的铁军、听党指挥的部队。他号召第 1 支队全体指战员，在中原局和黄克诚的领导下，继续发挥模范作用，团结广大群众，坚决粉碎日伪进攻，打退反共顽固派的摩擦，进而夺取抗战胜利。

两军会师后，接着便是依托苏北，做出整个华中抗战的大文章。为此，黄克诚给时在皖东的中原局书记刘少奇发电报，请他率中原局机关移驻苏北，以便统筹华中全局。几乎在接到黄克诚电报的同时，刘少奇也接到中共中央电令：“去苏北与陈会合，布置一切。”10 月 21 日，刘少奇率中原局机关、江北军政干校部分学员以及其他干部 1000 余人，从皖东半塔集出发，进抵苏北。31 日，在阜宁东沟与八路军第 5 纵队会合，刘少奇与黄克诚的手紧紧地握在了一起。数天后，刘少奇携黄克诚一道乘汽船，沿盐阜区境内一条纵贯南北的串场河，从阜宁经盐城前往海安，会见时在海

1940年10月10日，新四军苏北指挥部第2纵队一部与八路军第5纵队第1支队一部在江苏盐城大丰白驹镇胜利会师。图为白驹镇狮子口桥的会师纪念碑

华中新四军八路军总指挥部迁驻盐城文庙时的文峰塔

安的陈毅、粟裕。这次会见，决定着今后华中抗战的走向，意义非同一般。他们交谈了很多、很久，谈话内容涉及抗日、反顽、建政、剿匪……为统一华中军事指挥，根据刘少奇的建议，经中央同意，成立了八路军、新四军华中总指挥部。中央任命叶挺任总指挥，陈毅任代总指挥，胡服（刘少奇）任政治委员。总指挥部统一领导陇海路以南的所有八路军和新四军部队。

当苏北抗日根据地的建设正全面展开时，震惊中外的皖南事变爆发了。新四军军部以及驻皖南部队7000余人惨遭损失。为针锋相对，粉碎反动顽固派的阴谋，坚持敌后抗战，刘少奇率先向中央建议，在盐城重建新四军军部。1941年1月20日，毛泽东亲自草拟的“关于重建新四军军部的命令”以中央军委的名义正式发布。命令传到盐城后，刘少奇、陈毅等立刻在最短的时间内，以华中总指挥部为基础建立了新的新四军军部，并发表通电。

1941年1月25日，是一个有历史意义的日子。这天，阳光明媚，风和日丽。声势浩大的新四军新军部成立大会在盐城游艺园广场隆重召开。数千军民一扫心中阴霾，精神抖擞地云集会场。在临时搭建的主席台上，刘少奇宣读了中共中央军委“关于重建新四军军部的命令”以及对新四军领导人的任命：“兹特任命陈毅为国民革命军新编第四军代理军长，张云逸为副军长，刘少奇为政治委员，赖传珠为参谋长，邓子恢为政治部主任。着陈代军长等悉心整饬该军，团结内部，协和军民，实行三民主义，遵循《总理遗嘱》，巩固与扩大抗日民族统一战线，为保卫民族国家，坚持抗战到底，防止亲日派袭击而奋斗。”继之，陈毅代军长宣誓就职并发表就职演说：“毅以庸愚，身处前线，值此危局惨变，按诸抗战职责，断无消极退让之理。本人就任代理军长，于盐城恢复军部，誓率九万之众与日寇汉奸反共投降派奋斗到底，为解救中华民族而奋斗。本军一息尚存，斯志不容松懈。”刘少奇、陈毅的声音振聋发聩，从盐城到华中，进而延及全国。至此，新四军掀开了它历史上的崭新一页。全军辖 7 个师 1 个独立旅共九万之众。它是一股不可忽视的力量，必然要对中国抗战发生极大的影响。

新四军重建军部旧址盐城泰山庙

黄克诚率领的八路军第5纵队改编为新四军第3师，黄克诚任师长兼政委，下辖第7旅、第8旅和第9旅。原第1支队改编为第7旅。第7旅虽然属于第3师建制，但它同时也是军部机动旅，直接负责保卫军部。

盐城作为新四军新军部所在地，其在华中抗战中的地位显而易见。然而，刘少奇对盐城的设计还远不止于此。他曾作了一个通俗的比喻，打鬼子要有枪，有了枪还要有个“家”。盐城就是这个“家”。刘少奇在其著名的《我们在敌后干些什么？》的报告中阐述十分明了：“我们就是要把新民主主义政治、经济、文化各方面都彻底办好”，“创造新的苏北，新的盐城”。建设“新的盐城”，是刘少奇抵达苏北后的一个情结。在刘少奇的设计中，盐城不仅是连接苏中、淮海的一块根据地，更是整个华中抗战的战略大后方和指挥中心。刘少奇为此倾注了极大热情，亲自策划和指挥。盐城根据地的各项建设如火如荼，蓬勃开展。

为适应苏北抗战的需要，培养抗日军政干部人才，根据中共中央中原局和新四军、八路军华中总指挥部以及抗大总校的决定，以在盐城的“江北军政干部学校”“苏北抗日军政干部学校”和“八路军第5纵队教导队”为基础，建立中国人民抗日军事政治大学第五分校，简称“抗大五分校”。1940年11月，抗大五分校在盐城成立，陈毅兼任校长和政治委员。抗大五分校集结了黄海之滨优秀儿女，他们通过系统军事、政治学习，很快走向部队、基层，走向抗日战场。为了指导整个华中工作，1940年12月2日，中原局机关报《江淮日报》在盐城创刊。当时中国共产党领导的公开出版的大型日报，除延安《新中华报》、重庆《新华日报》外，《江淮日报》居第三位。当月25日的《江淮日报》

刊登了一则鲁迅艺术学院华中分院的招生启事。这在苏北成为一则新鲜事，很快就传开来。此前，刘少奇的秘书刘彬受命召集孟波、丘东平、陈岛、莫璞、孙湘等一批抵达盐城的文化人，传达刘少奇的指示。意即苏中、上海、大后方有许多青年知识分子要来，需要考虑办几个学校，一个是抗大五分校，一个是鲁艺华中分院，并且宣布到会的同志即为鲁艺华中分院的筹备委员。之后，刘少奇和华中局负责宣传工作的彭康又亲自主持筹委会会议，讨论系科设置、干部配备以及选定院址等具体工作。当时，鲁艺华中分院的主要干部都是由刘少奇直接提名的。刘少奇同时还决定，将随同他抵达盐城的抗敌剧团合并到鲁艺华中分院，以加强其干部力量。与此同时，陈毅通过许幸之到上海动员一批

江淮日报社社址设盐城女子中学（今盐城市儒学街）。图为陈毅、刘瑞龙、曹荻秋、罗生特等在江淮日报社驻地合影

文化人及青年学生到盐城，成为鲁艺华中分院的骨干力量。1941 年 2 月 8 日，鲁艺华中分院正式成立，刘少奇兼任院长，下设音乐、美术、戏剧、文学 4 个系。鲁艺华中分院成为新四军与华中根据地抗战的艺术摇篮。同年 4 月，根据刘少奇及新四军军部的决定，江淮银行在盐城成立，归属军部财经部领导。这是华中根据地成立最早的一所银行，亦是根据地经济建设的一项重要举措。它对粉碎日伪的经济封锁，巩固抗日民主政权，同时排斥伪币，保护物资，活跃金融，发挥出极大作用。继之，华中党校、苏北文化协会等一系列重要组织机构在盐城建立。根据中央决定，原在皖南的东南局与中原局合并，成立中共中央华中局。1941 年 4 月至 5 月，华中局在盐城成立，刘少奇任书记，统一领导苏中、盐阜、淮海、皖东北、豫皖苏、鄂豫边、江南、皖东津浦路东、皖东津浦路西等 9 个区党委。盐城迅速成为整个华中敌后抗日根据地的政治、军事、文化、经济的指挥中心，成为华中的战略大后方。其时有“华北有个延安，华中有个盐城”之誉。

苏北人民沐浴其间，备受其益。一种积淀日深的家国豪情随之释放，一种蓄积已久的抗战激情呼之欲出。

# 二 | 大胡庄“八十二烈士”

1941年初，日军为了巩固对南京、上海、徐州、连云港等地的占领，频繁调动兵力，在“扫荡”山东根据地后，乘新四军重建军部、整编部队、调整战略布局以及根据地建设之际，策动对华中抗日根据地的“扫荡”，妄图一举摧毁华中抗日根据地与新四军。由于盐城是新四军军部所在地，是整个华中敌后抗战的中心所在，故而，日军这次精心策划的“扫荡”中心即为盐城。

日军为“扫荡”苏北盐城曾经做了很长时间的准备。1941年1月，日军将原驻防镇江地区的独立第12混成旅团由苏南调至苏中沿江及运河沿线，同时诱降了苏北地方实力派李长江部7000余人和国民党江苏保安第8旅杨仲华部3000余人。5月底，日军又向东台增兵千余，向泰州增兵一个联队并修筑了机场。至7月中旬，日军又从浙江、苏南抽调第15、17师团和第11混成旅团各一部接替了第12混成旅团的防务。同时，苏北淮海区的沭阳、泗阳、宿迁等地日伪军兵力也有明显增加。至此，日伪军已完成对盐城“扫荡”的兵力部署。其中作为此次大“扫荡”主力的日军独立第 12 混成旅团，至“八·一三”上海抗战爆发后，即担任京沪铁路警备任务。在新四军部队渡江北上之后，便跟踪而至，与新四军频繁接战。1941 年春，该旅团调至苏中地区后，连续陷黄桥、海安、东台等地，具有较强的战斗力。该旅团加上第 15、17 师团各一部以及汪伪军李长江、杨仲华等部，直接用于“扫荡”盐城的兵力达近 17000 人。日军在策应李长江投降时，侵占了苏中地区的海安、东台、姜堰等重要城镇，并把国民党韩德勤逐出兴化。继之，日军又完成了对李明扬、陈泰运的逼降“扫荡”，陈、李部大部溃败。日军打通了兴化、

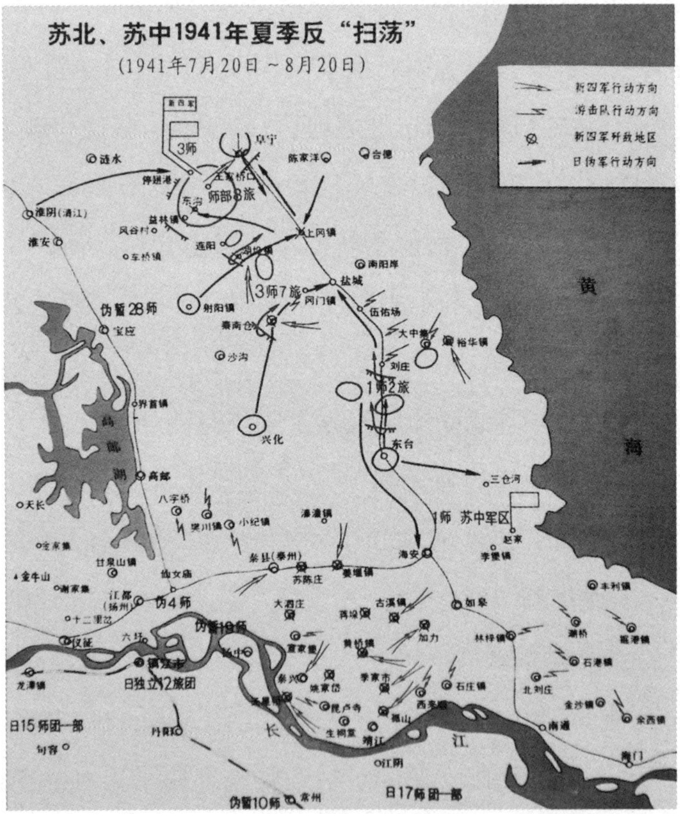


苏北、苏中1941年夏季反“扫荡”形势图

东台、泰州三角水网地区，完成了大举进攻盐城的准备。

在日军“扫荡”盐城之前，新四军第3师一部已与日军展开了一场遭遇战。这便是悲壮惨烈的“大胡庄战斗”。

1941年4月，新四军第3师第8旅第24团由皖东北归返盐阜，冲破了日军在运河、盐河要津的重重封锁，抵达到淮海区与盐阜区交界处的淮安苏嘴一带。23日，该团1营2连在副营长巩殿坤和连长晋志云的率领下，进驻苏嘴西北约十公里的大胡庄。2连是该营的主力连，擅打硬仗和执行重要任务，具有丰富作战经验，排以上干部大多为红军老战士。全连配有两挺轻机枪，每人都有一把刺刀、一把大刀、四颗手榴弹，是当时一支建制完整、装备齐全的主力连队。

26日凌晨，盘踞于涟水县城的日军在得知大胡庄有新四军部队驻

新四军第3师部分干部合影。左起：彭雄（师参谋长）、吴法宪（师政治部主任）、田守尧（第8旅旅长）、彭明治（第7旅旅长）

扎后，紧急集合了200多名日军和500多名伪军，携带迫击炮、重机枪等武器，突然包围大胡庄。大胡庄战斗即在猝不及防中展开。面对8倍于我之敌，2连指战员毫无畏惧，迅速做好战斗准备。副营长巩殿坤、连长晋志云传令战士进入阵地，利用围墙、堤堆、树丛、牛棚、猪圈，痛击来犯之敌。

大胡庄战斗打响。庄子北头，2连1排和2排的两个班，在连长晋志云的指挥下，占领了旱沟堤堆的有利地形，沉着应战。当日军逼近眼前一二十米时，连长大喊一声："打！"战士们的武器一齐怒吼起来。日军顿时乱作一团，弃械遗尸，仓皇逃窜。这两个班利用地形连续击溃了日军4次进攻。与此同时，3排和2排的一个班，在副营长巩殿坤指挥下，于庄子南端埋伏在西沟沿上，也接连击退了日军3次冲锋。日军随即迅速调集兵力从西南角组织强攻，企图由洼道进入圩门。刹那间，大胡庄圩门前浓烟滚滚，弹雨纷飞。副营长巩殿坤命令通信兵传令各排："下定决心，坚守阵地，手榴弹不到关键时刻不出手，誓与来犯之敌决一死战！"日军的枪炮声越来越密，攻势越来越猛，越来越近。就地构筑的工事和掩体大多被摧毁了，许多民房、牛棚被轰塌了。整个庄子淹没在烈火与硝烟之中。在2连坚定的阻击下，日伪数次强攻仍然没有奏效。气急败坏的日军突然向2连阵地施放了燃烧弹和瓦斯。伤亡近半的2连勇士们迅速撤出被毁坏的工事，凭借着残垣断壁继续抗击。

面对数倍之敌，2连勇士没有一个退却。子弹打完了，他们便插上刺刀冲出掩体与日伪军近身肉搏。受伤的战士抱住敌人滚翻厮打，表现出不怕牺牲的凛然正气。连长晋志云腹部中弹，他捂着已经露出的肠子，以惊人毅力，忽地跃出掩体冲向敌群，拉响了手榴弹，与敌人同归于尽。副营长巩殿坤左腿被弹片击断，身负重伤，仍然坚持战斗。日军最终施放几颗燃烧弹，巩殿坤被烈火吞噬。在这场悲壮的战斗中，2 连指战员以视死如归的大无畏精神，毙伤日伪军 100 多人。除战士刘本诚因负伤昏迷被压在战友们的尸体下得以幸存外，副营长巩殿坤、连长晋志云和他们率领的 2 连勇士 82 人全部壮烈牺牲。

当天下午，第 24 团政治部主任李少元率警卫排和 2 营赶来增援，日伪军闻风而逃，撤回涟水。傍晚打扫战场时，只见房屋烧毁，尸骸焦煳。有的战士紧紧抱住敌人烧死在一起,有的战士还咬着敌人的耳朵，但已无法找到巩副营长和晋连长的尸骨。军民们含着热泪连夜将烈士的忠骨抬到庄子北边的旱沟里深埋了。

2 连 82 烈士，是抗战时期发生在苏北的第一个几乎全连阵亡的英雄群体，非常悲壮。它与后来的刘老庄 82 烈士有几处相同：首先，他们都是新四军第 3 师所属部队；第二，战斗发生地都在苏北；第三，

战斗中的新四军

全连牺牲人数都是 82 人。由于大胡庄战斗不久，新四军第 3 师就开始进行艰苦的盐城反“扫荡”斗争，加之后来军部转移等因素，所以对大胡庄战斗的宣传较少,战斗的很多细节被淹没。以致相当长的时间内，大胡庄 82 烈士的英勇事迹不为人知。但是，第 2 连 82 勇士英勇抗敌、战死疆场的壮举一直是第 3 师部队的骄傲，和全师的学习榜样。所以后来在第 3 师部队又出现了刘老庄 82 烈士这样大义凛然、视死如归的英雄集体，就不难找到他们的精神源头了。

大胡庄战斗是当时苏北严峻斗争形势的证明。一场更大的考验接踵而来。1941 年 7 月，日伪军调集 1.7 万余兵力首次合击苏北盐城。这是一次大规模的“扫荡”，日军挟重炮利器，气势汹汹，有备而来。这对盐阜区抗日根据地是个极大的考验。

面对严峻形势，刘少奇在思考，在判断，在抉择。

对于盐城，刘少奇是有特殊感情的。毕竟盐城是华中抗日根据地的军事、政治、经济、文化中心，在全国十九块抗日根据地中已有相当影响力，控制盐城在政治上对坚持华中有重要意义。而且盐城外围系水网地带，日军行动困难，新四军坚持则有宽广的回旋地区。在这种条件下，以主力一部进行一两次运动战，给进攻之敌以严重打击，这对鼓舞信心，树立我军威信是必要的。

刘少奇更多的是从政治层面上考虑问题。不管多困难，首先要坚持，这是稳定军心、民心的前提。刘少奇的决心，得到了陈毅和军部其他领导的支持。因此，军部提出了保卫盐城、保卫根据地、粉碎敌伪“扫荡”的政治口号。同时，也辅之以一定的军事行动。保卫盐城的任务由黄克诚任师长的第 3 师和粟裕任师长的第 1 师负责。军部强调“务必达到保卫盐城之目的”。

新四军政委刘少奇

但黄克诚却提出不同意见。他认为在敌强我弱的态势下，应坚持敌后游击战的战术原则，敌进我退，避免与日军硬拼。同时放弃盐城，军部跳出敌人的包围圈，待敌人兵力分散后，再相机向敌进攻，粉碎敌之“扫荡”。军部撤出盐城，从感情上讲，并非刘少奇的首选，但作为一个政治家，一个华中抗战的决策者，显然是不能感情用事的。黄克诚的意见不是没有道理的，而继之的军情发展，更让刘少奇、陈毅认识到固守盐城并非上策。刘少奇、陈毅采纳了黄克诚的建议，及时地调整了军事策略。

7月10日，新四军军部在组织盐城外围的若干阻击战后，为避敌锋芒，主动撤出盐城，转移阜宁停翅港。7月20日，日伪军分别由东台、兴化、射阳、陈家洋分四路同时行动，向盐城合击。22日，日军占领盐城。

刘少奇、陈毅一面率军部轻便机关和敌人“捉迷藏”，一面调兵遣将，寻机打击敌人。当日，刘少奇、陈毅等即电示新四军第1师第2旅：“敌人有可能继续下乡‘扫荡’，本军决心以积极游击动作打敌人，逼其撤退，并阻止其下乡‘扫荡’和建立据点”，“部队不宜过于集中活动，应以连排的小单位分散行动，多打小仗”。

反“扫荡”战斗打得相当艰苦，坚持盐阜区的第3师部队与苏中第1师部队相互配合，南北作战，历时1个多月，经130余次大小战斗，毙伤日伪军3800名，取得了反“扫荡”的胜利。

经历了这次艰苦的反“扫荡”战斗，刘少奇对坚持敌后斗争的方式有了新的考虑，必须转变指导思想，改变过去大而全的模式，以适应游击战争的环境。于是，华中局和军部机关及直属单位都做了相应调整和精简，鲁艺华中分院和抗大五分校停办，华中党校学员提前毕业，充实基层。《江淮日报》停刊，主力部队实行地方化等。指挥机关和战斗部队由此变得更加精练和灵活，更有利于长期坚持敌后游击战争。

1942年，苏北抗日根据地利用第一次反“扫荡”胜利后暂时相对稳定的环境，积极进行根据地建设，发动群众，改善民生，开展减租减息斗争，进行基层政权改造，发展生产，促进经济，开展文化教育，强化地方武装建设等，根据地由此巩固、发展、壮大。

新四军军部旧址停翅港

# 三 | 悄然而至的遭遇

1943年的初冬是阴冷的，凛冽的西北风呼啸在空旷的苏北平原上，显得尤为狂放和肆虐。就是在这样的严寒中，苏北抗日根据地进入了最严峻的时期。

1943年反“扫荡”前第3师领导人合影。左起：刘震、李雪三、洪学智、张云天

面对太平洋战场每况愈下的战局，日军急于巩固中国占领区，并倾其大量兵力至敌后战场。作为华中敌后抗战中心的苏北根据地则首当其冲。继1941年日伪军对苏北盐城新四军军部实施第一次战略大“扫荡”后，1942年底，又开始集结兵力对整个苏北抗日根据地实施第二次大规模的战略“扫荡”。霎时，苏北乌云翻滚，战况紧急。抗日根据地军民被紧

急动员起来，反“扫荡”斗争随之展开。

苏北根据地是由两个相对独立的战略区合组而成，即盐阜区和淮海区。分别设有盐阜区党委和淮海区党委。为适应反“扫荡”斗争的需要，苏北全区实行党政军一元化领导。1942 年 11 月成立了苏北区党委和苏北军区，时任新四军第 3 师师长的黄克诚兼任苏北区党委书记和苏北军区司令员，全权指挥苏北反“扫荡”斗争。盐阜区党委和淮海区党委分别改为地委。

1942 年 11 月，日军以第 17 师团藤原联队为主，纠集 7000 余人，首先“扫荡”淮海区，进而逐步紧缩对盐阜区的包围圈，企图聚歼苏北新四军与军部指挥机关。淮海抗日军民随即开展反“扫荡”斗争。日军对淮海区的“扫荡”只是一次战略恐吓和试探，其重点则是盐阜区。在淮海军民以坚定的意志和游击战的战术袭扰、疲惫敌人后，日军在淮海区仅仅实现了点线的占领，设立据点，推行伪化，建立封锁线。随后调整兵力部署，重点实施对盐阜区的大“扫荡”。

1943 年 1 月，也就是在那个最寒冷的冬季，日军纠集第 17、15、35 师团和独立混成第 12 旅团各一部及伪军等，总兵力竟达 2 万余人，气势汹汹，直扑盐阜区。为避敌锋芒，新四军军部于 1942 年 12 月从阜宁停翅港转移淮南黄花塘。第 3 师部队与盐阜军民合力同心、生死与共，坚决反“扫荡”，保卫根据地。经过两个多月 600 多次战斗，取得了反“扫荡”斗争的胜利。经过血与火的洗礼，苏北根据地更加巩固，军民的抗战信心更加坚定。苏北的阴霾为之一扫，清澈湛蓝的碧空重新呈现。

日军在此次“扫荡”盐阜区抗日根据地之前，先行“扫荡”了驻

日军到达盐城城南

兴化、曹甸一线的国民党江苏省政府。日军曾多次扬言要“予韩总部苏省府及新四军军部以毁灭性打击”，“长江下游富于食盐、棉花、粮食等战争物资，实不容渝共盘踞其间”。身为国民党苏鲁战区副总司令兼江苏省主席的韩德勤在日军的战略威胁下忧心忡忡。在日军“扫荡”前即得到情报，知道国共华中敌后的重要指挥机关均在这次日军“扫荡”范围内，而且国民党省政府首当其冲。为生存计，韩德勤不得不调整同新四军的关系，并多次通过中间人士斡旋。接着又派代表抵达盐阜区抗日根据地，与新四军第3师师长黄克诚接洽谈判。提出在日军“扫荡”兴化时，希望根据地能够让开一块地盘，接纳江苏省政府进入。考虑到联合国民党韩德勤部一致抗日，乃是抗日民族统一战线在苏北的实践，对全国抗日战场将产生示范效应，所以尽管韩德勤是一个坚定的

新四军第3师第7旅全体指战员于东沟合影

反共顽固派，新四军还是以民族大义为重，同意了韩德勤的要求。当日军以两线兵力合击韩德勤国民党江苏省政府时，韩部一触即溃。一部投敌，大部退入到新四军第3师驻守的苏北根据地。第3师部队与抗日民主政府以友军相待，划设地盘，提供粮草。然而，当整个苏北新四军反“扫荡”结束后，韩德勤不仅未按事前与新四军达成的协议返回原防区，而且在新四军全力反“扫荡”之时，趁火打劫，亲率主力偷渡运河，侵占淮北抗日根据地中心区的山子头、界头集和金锁镇一带，破坏地方抗日政权，并与安徽王仲廉部勾结，企图东西夹击新四军。韩德勤的顽固派本性再次彻底显现。对于韩德勤的背信弃义，新四军与苏北抗日军民虽然义愤填膺，但仍采取先礼后兵政策。经对韩德勤一再劝告无效后，新四军军部被迫决定以军事行动实施反击，以遏阻顽固派摩擦的势头。陈毅代军长亲自布阵，命令以驻淮北的新四军第 4 师为主力，同时抽调第 2 师第 5 旅、第 3 师第 7 旅参与作战行动。

第 7 旅部队虽然属于第 3 师建制，但由于其战术任务的特殊性，所以亦是军部直接指挥的机动旅，很多重要作战任务都有第 7 旅参加。第 7 旅第 19 团是主力团，该团前身是南昌起义时的教导团、长征时期的突击团。团长胡炳云是一名骁勇战将，声名赫赫。第 19 团此前被调往淮海区参与反“扫荡”斗争，之后又连续作战，部队十分疲劳。但在接到军部命令后，胡炳云迅速集结仍在淮阴、涟水一带的部队，准备实施新的作战任务。以后，胡炳云在他的回忆中说道：“我遵照陈毅

新四军第3师第7旅黄炜华、胡炳云、彭明治、郭成柱（自左至右）合影

军长的指示，把分散活动于淮海区的十九团的部队迅速集结，星夜向泗阳县山子头地域进发，一来配合四师围歼窜扰运河特区的国民党顽固派王光夏部队；二来跳出敌人的包围，摆脱敌人的威胁。”

第19团第2营下辖第4、5、6三个连队，其中第5连被调往泗阳一带游击作战，第4连与第6连则活动在涟水一带。在接到团部集结部队的命令后，第2营的第4连与第6连随即向目的地进发。但由于连续作战，部队极度疲劳，未能在第一时间赶到目的地。当时的情况，原第2营副教导员李心从以后回忆说：

第二天，高沟、梁岔、杨口等地七八百敌人，又企图对我们进行袭击，我们发觉后，叫四连打了一下。后侦查员报告，梁岔的援兵又出动了，不能再打了。教导员叫我带四连先撤，四连一边打，一边掩护六连撤退。六连撤到桥圩子南边又打了一天，伤亡四五人。敌人反复“扫荡”，目的是将我四连、六连逼到六塘河边。我们埋伏在路边，距敌约一里路。敌未发觉。此时，部队已很疲劳，吃不饱饭，决定转移到淮阴。到了老张集，向南又到了棉花庄一带。后又决定转移到刘老庄。

回忆具体、详细。面对日军“扫荡”，新四军部队游击作战与反“扫荡”斗争之艰难可见一斑。第2营的第4连、第6连转移刘老庄，是一个临时选择。他们准备在刘老庄休整、夜宿后，第二天拂晓再与大部队会合。

刘老庄是苏北淮阴县境内一个规模不大的普通乡村，距淮阴县城28公里，人口稀疏，农田荒漠。然而，正是这一次第2营部队的偶然留驻，

反“扫荡”战斗中的新四军哨兵

使刘老庄日后名闻遐迩。

3月17日夜，刘老庄显得特别的静谧。第4连与第6连分驻于村庄的西边和东边，并在庄西一户农舍上架一挺机枪为哨。苏北的3月，大地依然弥散着阵阵寒意。尤其夜幕降临，寒气逼人。指战员们和衣而睡，枕戈待旦。次日，晨曦初露，部队即开饭并准备出发。突然远处传来稀疏枪声，打破了晨曦的宁静。接着，空旷的田野上，“跑反”的群众纷纷出现在视线中，他们高喊：“鬼子来了！”

突如其来的战情让部队猝不及防。第4连、第6连随即进入战斗准备。一场悄然而至的遭遇战即将打响。当时6连由副营长马应健率领，4连由营教导员丁光辉和副教导员李心从率领。因为对敌情判断不明朗，故决定先进行阻击，以争取时间掩护群众转移。4连奉命随即撤出村庄转移到前面交通沟。所谓“交通沟”,是当地群众为对付日军“扫荡”而组织挖掘的大半人高的掩体通道，便于掩护作战以及撤退。当时研判,如果这股敌人不是大部队,4 连可以有效阻击。如果是大部队，则先阻击迟滞敌人，为群众以及 6 连转移赢得时间，然后再沿交通沟撤出战场。

日军推进速度非常快，随着骤然密集的枪声响起，4 连开始与日军接火。著名的刘老庄战斗由此拉开序幕。

# 四 | 义无反顾的抉择

这突如其来的日军大部队，究竟从何而来？作战目的是什么？当时并不知道。随着战后研究的深入，重要历史资料的解密和挖掘，特别是有关学者在日本找到了当年进攻刘老庄的日军部队的军史《步兵第五十四联队史》，真相才逐步清晰起来。

日方战史记载，刘老庄战斗的起因，是日军侦知淮海区抗日根据地的党政军领导机关在淮阴六塘河北岸，即有意识地出动重兵“扫荡”。第 17 师团负责执行此次“扫荡”任务，该师团辖下的第 54 联队就是对刘老庄攻击的部队，该联队第 1 大队经宝应泾河镇向北出击。在刘老庄附近，大队主力在战壕内前进，步兵炮小队带着伪军 200 人在平地行军。当时有大雾，日军在沟内突然遇到新四军的坚决阻击。随后，第 54 联队（约为团的编制）主力也赶到了。日军一个联队约有 3000 人，与坚守刘老庄的 4 连 82 人可谓众寡悬殊。日军此次的目的亦包括“彻底扫讨洪泽湖东北地域的新四军”。部队从泾河镇出发经孙家圩、刘老庄，指向沭阳，从南向北，实行拉网式大“扫荡”。联队分为几个纵队同时前进。在接近刘老庄前，最先发现新四军的是炮兵的眺望镜。此时浓雾弥漫，视界约100米前后。之后浓雾逐渐消散，在视界可达600米的时候，平地行进的大队炮队发现了“急行军的敌人部队”。

在刘老庄遭遇新四军的部队，这是日军事前情报没有能够侦测到的，也恰恰说明了4连是临时留驻刘老庄的。而正是这一偶然因素，导致了刘老庄战事的爆发。

4连，是第7旅第19团的一支硬骨头连队，也具有相当的战斗力。连长白思才，江西人，16岁即参加红军，在长期的作战经历中，锻炼成为一名英勇善战、机智果敢的优秀基层军事指挥员。他从19团作战参谋调任4连连长，就是为了强化基层连队建设，带好一支特别能打仗的连队。指导员李云鹏，江苏沛县人，曾在当地加入地方武装，后随部队上升为主力，编入苏鲁豫支队。他在部队先后担任过宣传员、文

根据地军民歃血为盟，誓死反“扫荡”

化教员、团政治处干事、连副指导员以及指导员，是一名出色的政治工作干部。正是他平时强化对连队的政治教育，让连队指战员明白了为谁而战的道理，所以养成了4连作战勇猛、不怕牺牲的精神品质。4连全连从连长到炊事员共82人，但这是一个坚强的集体，是一支不可战胜的队伍。

当4连在刘老庄打响这场遭遇战时，就决定了4连将面临一场比以往任何一次都更加严峻的考验，而且是生死之战。

一开始交战的双方都在试探。对日军而言，突然遇到新四军的阻击，也没有搞清楚对方到底是什么规模队伍，但试探的枪声很快变得紧密。随着4连重机枪的扫射，日军突然意识到眼前是一支新四军的主力部队，于是调整战术，以更猛烈的火力投入作战。倏地，战场上枪声大作，硝烟弥漫，战事在明显升级。连长白思才根据自己的作战经验判断，他遇到的不是小股日军，而是成建制的大部队，特别是当日军的骑兵出现在视线内时，就更证实了这样的判断。

日军将这次“扫荡”六塘河北岸的军事行动，称为“六塘河作战”。

据史料记载，六塘河，旧名北盐河，“明清之际，凿断马陵支麓，引骆马湖东注，曰拦马河，康熙十七年，靳辅于拦马河递建六坝，筑堤成塘，以泄湖运涨水，又于硕项筑屯堤，于是废湖为河，六塘之名始著”。六塘河以北地区，位于宿迁、沭阳、泗阳3县之间的中心地带，处于苏北淮海抗日根据地的腹部，北靠淮沭公路，南接京杭大运河，是连接淮北、苏北两大根据地的重要通道。此前确实为淮海区党政军领导机关的驻地，随着日军“扫荡”淮海区，淮海区党政军机关已经转移，但日军并不知道，因而是精心策划，有备而来。

日军第17师团第54联队配有野炮中队、机关枪大队、骑兵大队以及步兵炮小队等。这明显是一场敌众我寡的不对称战斗。现在的大部分资料都说这场战斗中4连抗击了20余倍于己的日军。而日军的一个联队通常有2500人至3800人。根据近来发现的日军“六塘河作战”史料披露，第54联队即为3800多人的配置。也就是说，4连在刘老庄要阻击的很可能是30倍于己的敌人。

当4连在前面阻敌时，在刘老庄的2营教导员、副营长等亦发现4连碰到的是日军大部队，于是指挥6连迅速撤退。同时，派一个班掩护4连突围，撤出战斗。但这时的4连已经无法突围了，原因是他们所在的交通沟是断头的。前面横着一条大路，把路沟挡住了，这条路沟成了截断路沟，而这是事先并不知道的情况。面对强大的日军火力，没有交通沟的掩护，突围几乎没有可能。连长白思才和指导员李云鹏发现了这一情况后，知道这意味着什么。但丝毫也没有影响他们的决断，即坚决阻击，决不后退。因为他们知道，只有4连的坚决阻击，才能给营部领导以及兄弟6连赢得撤退的时间，才能给群众赢得撤退的时间。

日军出征旗

紧急动员几乎就在枪林弹雨中进行，连长、指导员要求全连指战员坚守阵地，坚决作战，放弃突围。命令迅速传遍全连。这是一个大义凛然的命

侵华日军使用的奉公袋

令，是一种义无反顾的抉择。战斗的悲壮也就在这一刻决定，视死如归的精神也同样在这一刻升腾。

天色已开始放亮，战场情况清晰可见。日军随即开始组织第一轮冲锋。在火炮、机枪的掩护下，约一个小队的日军向4连阵地扑冲过来。连长的驳壳枪声仿佛是一道命令，勇士们随即火力全开，奋力阻击，仇恨的子弹喷射而出。由于刘老庄是平原地带，没有地形遮挡。冲锋的日军几乎完全暴露在4连的阵地前。4连的勇士们没有给这些骄横的日军有任何幻想的机会，他们就像一道坚不可摧的铜墙铁壁，无法撼动。在4连的坚决阻击下，日军第一轮冲锋很快被击退。日军的骑兵部队继之又蜂拥着冲上来。4连的机枪、手榴弹又掀起新一轮反击高潮。日军人仰马翻，死伤无数。

这时，傲慢的日军才意识到对手非同一般。于是调整战术，部队后撤，集中步兵炮小队，充分利用武器装备的优势，以密集的炮弹倾泻到4连阵地。瞬间，阵地前地动山摇，硝烟弥漫。日军不仅是一种发泄,同时企图以此强大的炮火摧毁4连的意志。据后来日方资料披露，这次炮击共向4连阵地发射出63枚炮弹，几乎把携带的炮弹全部打光。因为严重浪费，该炮兵小队长还挨了一顿训斥。

这轮炮火确实给4连带来极大伤亡，毕竟交通沟的遮蔽功能是有限的，但4连的钢铁般意志反而更加坚强。在炮火的掩护下，日军随即发起多轮进攻。4连指战员继续顽强抗击，工事被摧毁，立即修复；

掩体炸塌了，背包填上去；人员负伤了，包扎起来继续战斗。任凭日军炮弹再多，轰炸再猛，4 连依然人在阵地在。指导员李云鹏在这极端困难的时刻，丝毫没有忘记鼓舞战士们的士气。他边战斗，边高喊："同志们！这是考验我们的时候了！我们要为党的事业战斗到底！为民族解放战斗到底！我们要坚持党的光荣传统，要做模范，要做英雄。一个也不做孬种，一个也不当俘虏！"指导员高亢的声音，仿佛盖过了枪炮声。战士们响亮地回答"保卫根据地，保卫人民"！士气高昂，顽强坚持。日军的冲锋一次次被打退。虽然4连阵地前弹痕遍地，坑坑洼洼，而且人员伤亡逐渐增多，但阵地依然在，这就是胜利。

阵地上的新四军

就在4连殊死抗击日军的同时，2营首长以及6连与当地群众迅速转移。2营副教导员李心从以后回忆当时撤退情况时说：

跑到刘皮（地名）西约一里半路，我们在交通沟停了一会，发现向西北有条小河，我们就顺着小河向西北走。走了不远，前面有股伪军堵住去路。我们边打边撤，当到达徐溜（地名）西边，已是下午一点多钟。四连那边还在打，远处看到敌人约百十匹洋马参战。为了弄清情况，几次派员去侦查了解，人都未回。太阳快落时，我们心急如火，只有继续向北转移，到达六塘河边等待四连。后面的枪声开始稀疏，但四连一直没有下来。

正是因为“四连没有下来”，才有了6连转移的机会。而与6连转移的同时，4连阵地再次陷入鏖战。在日军猛烈进攻下，4连减员越来越多。于是,原来的非战斗人员都冲向一线。徒手的炊事员拿起了武器，司号员背着军号，拿起身旁牺牲战友的钢枪。重伤员没有呻吟，他们忍着剧痛，怒睁双眼，不愿意放弃自己战斗的岗位。而受轻伤的同志，一面流血，一面坚持战斗。这是一种舍生忘死、前赴后继的英雄气概。

在连续打退敌人进攻的间隙，连长白思才从太阳直射中意识到部队已经连续抵抗了好几个小时，同时，他也因此判断，营首长与6连应该安全转移了。他那被战火烤焦的脸上不禁有了一丝欣慰的神色。但是，他随后便意识到4连处境更加凶险，战斗远远没有结束。他随即下达命令，清点人数，包扎伤员，补充弹药，随时做好战斗准备。

战场上出现了难得的寂静，也孕育着一场更加惨烈的战斗将至。

# 五 | 被定格的战场“雕像”

面对如此坚强的抵抗，日军绝对没有想到他们面前只有新四军一个连，不到百人。于是，又开始紧急调兵。

当年第7旅第19团政治处组织股长张桂森在后来的《气壮山河——记刘老庄连》的文章中说："到了中午12点左右，敌人又从淮阴城调来伪军一个营和日军一个小队，还配备了两门山炮、三门迫击炮，企图从南、西、东三面围攻我4连阵地。连长白思才利用战斗间隙向各班、排长介绍了敌情，并提出，坚守刘老庄，不惜一切代价死死拖住敌人。要同敌人血战到底，与阵地共存亡。"

日军在调兵间隙，变换策略，采取心理战战术，进行劝降。有一个汉奸翻译奉命向4连阵地喊话："抵抗是没有意义的"，"把武器扔到战壕外面的人会得到优待"。而4连的回答则是连续的枪声。

恼羞成怒的日军随即集中所有的山炮、92式步兵炮、迫击炮、掷弹筒，向4连阵地轰击。胡炳云回忆说："4连凭借防御的仅是一段不长的'抗日沟'，哪里经受得住雨点般的炮弹！但4连全体指战员有一种比钢铁更坚硬的东西，即革命的意志！任凭敌人炮弹再多，轰击再猛，4 连的阵地依旧稳如泰山，使敌人不能前进一步。”

这简单几句话，却振聋发聩。其战场画面，铁鸣发表在 1946 年《新华日报》（华中版）标题为《八十二烈士——淮阴抗战故事》的文章中是这样描述的：

日本人的进攻不但没有稍缓，反而越来越紧逼起来。他们抢占小路沟两头，机关枪对着路沟两头打过来，迫击炮、掷弹筒像热锅炒的苞谷似的，前后左右到处爆炸着，有几颗炮弹落在了沟心里。敌人是想用猛烈的炮火毁灭这个坚强的堡垒。“同志们，赶快用背包堵起来！”白连长嘶哑的声音叫喊着。大家立即拿起背包拼死地推上去，几分钟堆起了两段短墙头，挡住了敌人的炮火。

刘老庄连英雄雕像

就这样，日军连续五六次冲锋均被击退。每一次都是抛下一些死尸狼狈逃窜。战场又一次陷入沉寂。4 连的指战员们虽然又饥饿又疲劳，但仍迅速修补工事，挖掘掩体，准备日军的下一轮进攻。

持续地阻击如此大规模的日军进攻，4 连的伤亡较大，战士们极度疲惫，战场的气氛有些沉

新四军开展射击训练

闷。该连党支部迅速召开支委会，分析敌情，一致认为，眼前是一场恶仗，要有充分的精神准备，必须从最坏处着想。一定要继续拖住敌人，坚持到天黑，再考虑争取机会突围。支委成员当即达成共识，誓死阻击，绝不后退。支委们随后带着支部决议，到各班、排召开党小组会，号召共产党员和全体战斗员，英勇杀敌，争取最后的胜利。共产党员纷纷表态，坚决响应支部号召，即使战死沙场，绝不后退半步。共产党员的正能量迅速感染到身边的战友。面对生死考验，战士们情绪高涨，意志坚定。不少战士当即写了入党申请书，请党支部在战斗中考验自己。指导员李云鹏兼支部书记，面对这样的党员、战士，他十分欣慰。同时，他也意识到，不管有多困难，只要党员干部意志坚定了，冲锋在前，牺牲在前，就一定能感染并引领其他战士奋勇向前。李云鹏有着这样的信心和自信。他认真地将战士们的入党申请书收好，并承诺做他们的入党介绍人。

胜利的信心被激活了，但另一个新的问题让李云鹏十分焦急，那就是弹药消耗很大。李云鹏很清楚战士们仅有杀敌意志是不够的，弹药是坚持下去的重要条件。当下没有也不可能有后续的支援，怎么办？

这时，他看到阵地前沿30米远的地方，躺着几十具日军尸体，尸体身上都带有子弹袋。他随即与连长商量，说出自己的想法，争取到敌人身上取子弹。虽说是战事的间隙，但敌方阵地很近，此举非常危险。但指导员认为，这个险值得冒，于是便号召大家到阵地前“取子弹”。1排长尉庆忠率先响应号召。这位老红军，既机智勇敢又十分幽默。他风趣地说：“我在团部当过军需干事，验收子弹是我的老本行。”一副非他莫属的样子。于是，他便带领突击小组，迅速冲到阵地前沿，把敌人的子弹收集起来。日军很快发现了突击小组的企图，拼命射击。4连阵地随即集中火力掩护。突击小组冒着枪林弹雨，把敌人的子弹全部取回。不幸的是，1排长尉庆忠再也未能返回阵地，而是倒在了沟沿前壮烈牺牲。

日军的进攻又随之展开。持续的炮击，弹如雨下，大地震动。连长白思才知道这是日军的惯用伎俩，一番炮击后，必将伴随着更加猛烈的进攻。于是，他指挥大家在掩体内躲避炮火，待进攻日军靠近前沿阵地再开始反击。自己却不顾炮弹在身边爆炸，奔走在交通沟中。

突然，一颗炮弹落在白思才身边，他的右手被炸伤。由于流血过多，加之十分疲劳，他昏迷了过去。很快，炮声又将他震醒。他慢慢睁开双眼，只见通讯员、战士们在身边拉着他的手哭着喊着“连长”。他迅速跃起身来，指挥战士赶紧回到自己的阵地。日军的炮弹持续在身旁爆炸，掀起的数丈高的泥土几乎要将他全身埋住。他扒开厚重的土灰，撕心裂肺地对阵地大叫：“全部趴下，注意炮弹！”其实，这种喊叫只是一个军事指挥员的本能。狭窄的交通沟内怎么躲避密集的炮弹？这完全是一场不对称的战斗。

4连阵地，硝烟尘土，炸坑弹片，以及充斥四周的震耳欲聋的爆炸声。

白思才突然发现身旁一个几乎被炸土掩埋的战士，大片暗红色的血正从泥土中洇出来。他赶紧刨开泥土，发现战士已被炸断一条腿，并用一种期待的眼神看着他。白思才眼泪倏然而下，紧紧抱住这名战士。作为连长，白思才从来没有过如此痛心的感觉。他为没有办法保证这些年轻战士的生命安全而自责。这就是战争的残酷。为了捍卫尊严，为了民族独立，作为军人，唯有马革裹尸，以身报国。白思才用嘶哑的嗓子喊着卫生员，含泪放下战士，迅速跑到重机枪阵地，指挥机枪手，倾泻出仇恨的子弹。

阵地依然在4连手中，但战情却越来越危急，伤亡人数急剧上升，全连人数只剩下不到一半了。指导员李云鹏也已多处负伤，满身是血，但仍继续组织连队的特等射手密切注视着敌人的动向。白思才来到李云鹏身边。两位战友相视无语，彼此紧紧握住对方的手。他们知道已经到了关键时刻，应该做些什么了。

李云鹏艰难地从挎包中拿出纸笔，垫着挎包给营首长写战斗报告：

……至目前为止，我们已经打退敌人近十次的进攻。全连指战员抱着必死的决心誓死阻击敌人。请营首长放心，人在阵地就在……

几乎每一个字都和着血。李云鹏撑着受伤的身体艰难地坚持着。白思才一只膀子已经受伤，他用另一只膀子托着李云鹏。

仿佛一幅战场雕像，时间、空间瞬间被定格，大背景的战火硝烟环境完全被抽象。

新四军向纵深前进

连长、指导员其实心里很清楚，这份报告也许最终并不能送出去，但他们依然那么认真、执着地写着。因为这是他们的职责。在报告中，他们还汇报了战士们的战场表现以及他们的入党申请，并以介绍人的身份请求上级批准他们火线入党。最后，白思才、李云鹏分别在报告上签了字。

那一刻，他们释然了。看着彼此因战火熏烤而焦裂的嘴唇，他们知道一切语言都是多余的，唯有对视的目光是那么坚定。

# 六 | 山河动容天地泣

“连长，敌人又冲上来了！”随着一声高喊，白思才迅速向阵地前观察。日军又一次向阵地扑来。随之，是枪林弹雨般的火力覆盖在阵地前沿。

“同志们，给我狠狠地打！4连是不可战胜的！”白思才一边用驳壳枪在点射，一边用撕裂的声音高喊。他的声音似乎已盖过了枪炮声，给战士们以极大的信心和胜利的鼓舞。

李云鹏也跃然而起，向敌人射击。突然一颗子弹击中他的头部，整个人瞬间倒地，手枪也滑落下来。身旁的战士们惊叫起来：“指导员！指导员！”李云鹏惨白的脸上染红着鲜血，似乎感觉不到一点痛苦，嘴角露出一丝微笑。他慢慢地摇着右手，喃喃而语，却没有声音。意思是让大家不要管他，继续战斗。白思才赶紧跑过来，抓住李云鹏的手，哽咽到说不出话来。李云鹏原名李亚光，参加新四军后自己改名李云鹏，意在大鹏展翅，翱翔云端，报效国家的凌云之志由此可见。刘老庄之战，他终以一死报国，从此永远翱翔天空。

指导员就这样牺牲在自己的眼前。一个是连长，一个是指导员，白思才和李云鹏搭档已久。他们将4连带成全团特别能战斗的连队，每次的攻坚任务总有4连的身影。白思才知道其中指导员的政治工作发挥了极大作用。团首长将李云鹏从机关调至4连，成为白思才最大的幸事。他们一个主军、一个主政，配合默契，相得益彰。更难能可贵的是，李云鹏虽然是政工干部，但打仗也绝不含糊。作为沛县人，汉高祖刘邦起兵反秦的一代伟业始终是乡人的骄傲。李云鹏也一直有一种政工干部少有的英豪之气。如今，他们战场诀别。

李云鹏的一腔热血融进了苏北大地，也升腾了白思才的复仇怒火。他跳起来，将驳壳枪一丢，端起一支上着刺刀的长枪，鼓着血红的眼睛，喉咙里迸出粗哑的声音：“同志们，上起刺刀拼呀！为指导员报仇！”

新四军战斗阵地

战士们奋勇而上，杀向阵地前沿。

这时的 4 连，连干伤亡了排干代替指挥，排干伤亡了班长顶上去，班长伤亡了共产党员站出来。全连始终形成一个战斗的集体，拧成一股打不垮、摧不烂的钢铁力量，勇猛抗击敌人。4 连的拼死精神又一次战胜了敌人。

天色将晚，远处村庄的轮廓影影绰绰，渐渐消失。白思才点验全连人数已不到四分之一，而且还包括伤员。没有负伤的战士也几乎到了能够支撑的极限，他们眼睛被硝烟熏得极度红肿，鼻子也被呛得鲜血直流，满脸都是焦煳的样子。更为严重的是，子弹也快打光了。白思才意识到最严峻的时刻到了。他非常冷静地指挥大家将所有的子弹集中起来交给机枪手，以确保给敌人以重大杀伤。他对大家说：

“同志们，考验我们的时刻到了。我们是共产党领导的新四军，要为新四军的荣誉而战。天黑之前，敌人的进攻可能会更加猛烈。我们哪怕战死到最后一人，也决不后退。”

战场上一下子充满着悲壮的气氛。战士们默默地看着连长，眼神中不失坚定。

“我们四连都是好样的，大家都是好样的。今生我们是战友，来世我们还是好兄弟！”连长的话，让大家泪盈眼眶。

白思才接着说：“现在每人将手中的步枪装上刺刀，准备和敌人展开一场肉搏战。多余的枪支全部拆毁，部件埋入地下，决不能留给敌人。”

战士们在默默地执行着命令。文书也将一些文件销毁或埋入地下。一切准备就绪后，4 连所剩的勇士们迎着火红的残阳，毅然地从战壕里挺立起来。他们紧握手中上着刺刀的钢枪，等待着最后时刻的到来。

阵地上一片肃静。

日军在炮火掩护下，以密集的队形向刘老庄缩小包围圈，最后攻到阵地前沿。他们蜂拥而上，歇斯底里地叽里呱啦乱叫，一副杀气腾腾的凶相。4 连阵地的机枪首先响起，那是一股脑儿连续的扫射，直到子弹全部打光。勇士们虽已弹尽援绝，但毫不畏惧。白思才大声高喊："同志们，冲啊，杀——!"4 连的最后 20 多名战士，跃出战壕，用血肉之躯冲向敌阵，以气吞山河的英雄气概与敌人展开了殊死的肉搏战。

最后的决死拼杀，敌我已经混成一团。一批批倒下，血肉模糊，战场一片惨烈。刺刀撞击的声音铮铮作响。刺刀拼弯的战士就抱着敌

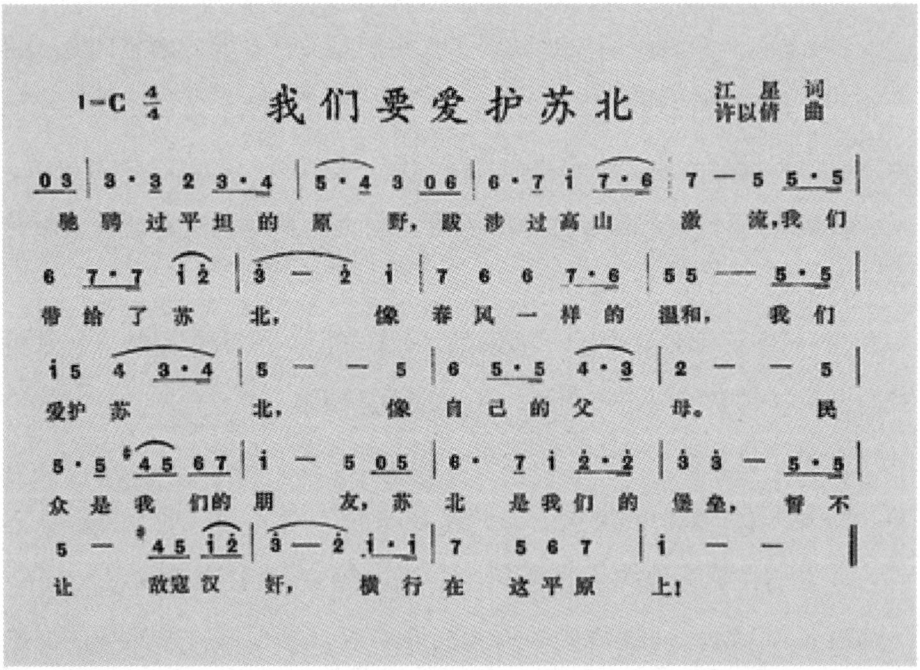


新四军战地歌曲

人摔打。有的战士用手挖出了敌人的眼珠，有的战士用嘴咬着敌人的耳朵，有的战士用手榴弹击打敌人的头颅，敌人的脑浆崩裂在手榴弹上。浑身是伤的白思才连续捅死5个日本兵，却被一把罪恶的刺刀从背后刺穿。他捂住腹部，仍然支撑着扑向敌人，但最终还是倒下了。这位从江西走出来的红军，长眠在苏北大地。副连长石学富悄悄留了一颗手榴弹。他在最后时刻将手榴弹拉响，与身边的日本兵同归于尽。一位身上燃火的战士死死抱住日本兵，直至两人烧成焦炭状。4连勇士们的牺牲个个英勇悲壮！

当夜幕降临阵地时，喊杀声终于停歇。因敌众我寡，力量悬殊，4连勇士全部壮烈殉国。

夕阳西下，残阳如血。刺眼的晚霞夹杂着一抹惊心的绯红，一如战场上那流淌的赤血。

打扫战场的日军被眼前的情景惊呆了。他们的对手、4连的勇士以全部战死沙场的壮举，诠释着中华民族宁死不屈和誓死抗敌御侮的民族精神。日军没有缴获一件完整的武器，只是悄然运走了包括日军突击队长、第9中队长船越正大尉在内的170多具死尸和200多名伤兵。

敌人刚撤走，淮阴县张集区区长周文科和联防大队长周文忠带领地方武装立即赶到刘老庄。阵地上，硝烟尚未散尽，晚风萧瑟，寒星惨淡，勇士们的遗容英姿依稀可见。有的怒目圆睁俯卧在战壕边，有的紧握枪刺斜靠在大树旁，有的双手狠狠地掐住敌人的脖子，有的紧紧咬住敌人的耳朵……眼前的场景，让所有在场的人都唏嘘不已。他们赶紧收敛烈士的遗体，轻轻地将他们抬到一起，擦拭干净他们脸上的血迹。

据大队长周文忠的儿子周明成后来介绍，他父亲曾经多次给他讲过那一晚的情景。周明成说："父亲在收敛遗骸时，突然听到一声微弱的呻吟声。他扒开了好几名战士的遗体，竟然发现一名小战士还活着。那名战士身上有几处枪伤，多处刀伤，腿已被炸断。"周文忠赶紧从血泊中抱起这位战士。这位战士虽然伤势很重，但仍然以坚强的毅力，断断续续地讲述了战斗的零星片段，从而以第一手的资料还原了刘老庄悲壮战斗的经过。周文忠随即安排一副担架送去抢救。遗憾的是由

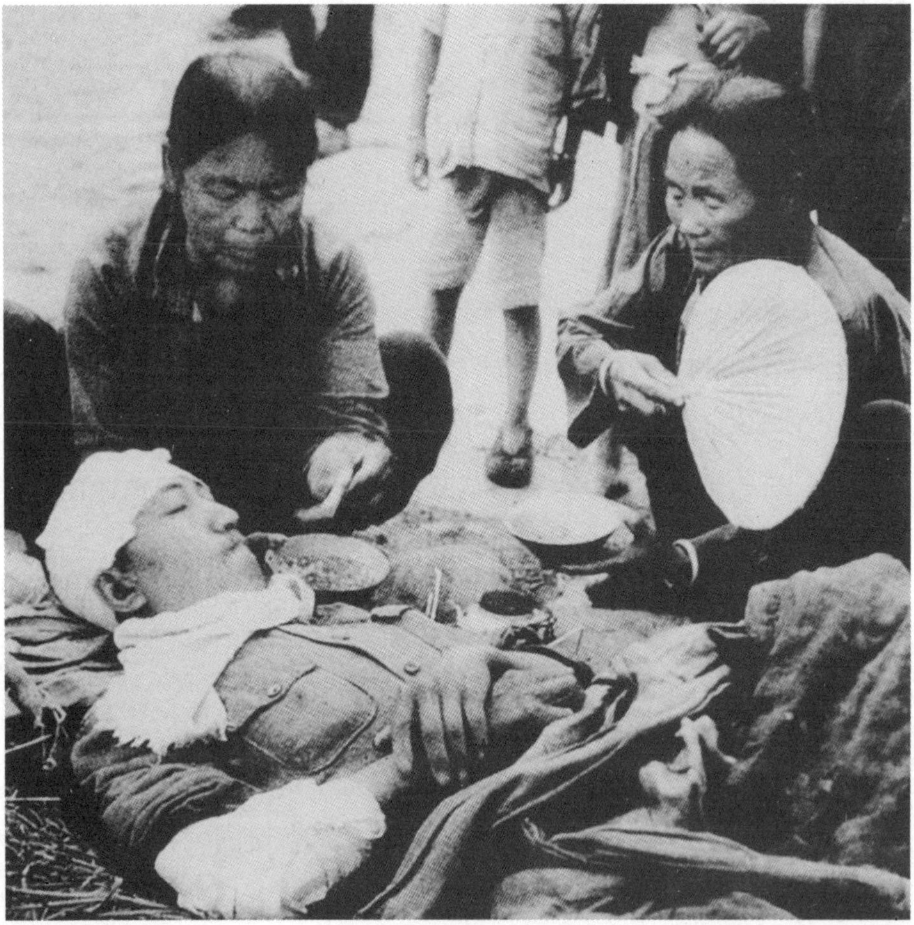

老百姓照顾新四军伤员

于伤势太重，这位战士还是于次日牺牲了。

贺继光是第19团第3营第3连连长，当年3连也是第一时间回到了刘老庄，然后参与收敛埋葬烈士遗体。贺继光后来回忆说："看到战场上战士们因为肉搏战已经模糊的遗体，我流泪了。以后每次回想起来的时候还是会落泪，连长白思才是我的老排长，指导员李云鹏是我的同班同学，我很怀念他们。"昨天还在并肩作战的老领导、老战友，今天就躺在面前，躺在模模糊糊的人群中。阵地上，硝烟还没散尽，夜幕早已降临，借着星光，贺继光想尽办法把他们找出来，最后再看他们一眼。贺继光说："战场上四处散着被砸坏的枪。4连的武器还不错，轻重机枪都有，战斗进行到最后，战士们砸了枪，拿起刺刀和敌人拼命，所以很多战士是跟日本人抱在一起死的。"贺继光还透露了一个细节，他说："最后我们收葬的有84个尸体，有两个实在和日本人分不开了，就一起下葬。"

2营副教导员李心从是在4连的掩护下带着6连转移的，当他返回后，就再也没有见到他的4连战友。后来他回忆说：

第二天，我们到达众兴北，教导员和我带着侦察员、交通员，见到了分区领导刘震、吴信泉。他们问道，"谁叫你们回来的？"我们汇报了情况后，他们说，你们要返回去坚持斗争，敌人是垂死挣扎。这时候，4连的情况不明，敌情也不明，部队又没吃的，为了坚持敌后斗争，我和教导员当天返回部队。石瑛也带5连回到泗阳、淮阴边界。3月20日，我们返回刘老庄，听附近同志说，4连打光了。考虑到部队的情绪，我们就把6连带到刘老庄南面住下，当时听地方武工队的同志说，4连有个伤员，收留在武工队，伤势很重，头、胸都有伤，不能讲话。当晚，我亲眼看到这个伤员，他昏迷不醒，未和他讲话。4连未能撤出，是因为交通沟断头，敌人的兵力很强，火力很猛，致使82名战士全部壮烈牺牲。

# 七 | 另一场战役同时打响

就在刘老庄战斗正酣之时，在与淮海抗日根据地毗邻的淮北抗日根据地另一场战役也在打响，这就是“山子头战役”。而这场战斗原本4连是要参加的。

此前，日军“扫荡”韩德勤江苏省政府所在地兴化一线首当其冲。在日军的合击下，韩部不堪一击，一触即溃，原控制地区几天内丧失殆尽。其一部投敌外，大部向新四军第3师防地转移。韩德勤的省政府从未有过如此的狼狈，整个部队稀里哗啦辎重装备一路丢弃。虽然对友军的表现深感遗憾，但新四军第3师还是履约敞开淮安、涟水、苏家嘴一线供韩部避难休整，并且接济以粮草。新四军的这种以民族抗战为重的行动，博得了各阶层舆论的好评和韩部士兵的感激。

到了新四军防区，仿佛呼吸到一种新鲜的空气，韩部惊魂始定。面对新四军的诚信与热情,作为“摩擦专家”的韩德勤感慨颇多。为此，他特致函陈毅军长，对新四军不计旧隙，履行承诺并供以粮草之举表示感谢。

山子头反击作战俘虏之一部

收到韩德勤的信后，陈毅自然也很高兴。他复函说："我们深感援助友军共同杀敌乃我们应尽之责，本军愿以更大之配合期诸将来。"显然，陈毅觉得协助友军是责任所在，并对这种合作寄予更长远的期望。然而不久之后的事态发展却使陈毅大失所望，他所期待来的不是友军的"更大之配合"，而是恩将仇报，以怨报德。

当时，已调回延安工作但仍负责指导华中工作的刘少奇密切关注苏北战局，在得到日军已"扫荡"苏北、韩德勤率省政府撤退到3师防地的消息后，即刻就电示陈毅、黄克诚："敌寇'扫荡'韩德勤，韩部窜入我根据地，你们一面应给韩部以好的照应，相机援助，以便改善关系；但你们决不要放松警戒，应以有力部队监视他们，以便在'扫荡'后能使他们退回原防，不致占领我重要地区不退。这些部队是毫无信义的，你们必须留心，以免上当。”刘少奇的担心不是没有道理。他对韩德勤其人非常了解，对这种言而无信的人不得不防。事实果然被刘少奇言中。

日军在对韩部“扫荡”后，进而又对淮海、盐阜抗日民主根据地实施“扫荡”。日军这次“扫荡”规模是以往所没有的，对根据地威胁甚大。在新四军军部的领导下，3 师及根据地军民随即开始了艰苦的反“扫荡”斗争。这场斗争非常残酷，淮海、盐阜抗日军民付出了极大代价，抗击日本法西斯对苏北平原的蹂躏。遗憾的是，在这场反“扫荡”斗争中，新四军既要与凶残的日军作战，又要应对来自韩德勤的背信弃义与恩将仇报。按照此前新四军与韩德勤的协议，当日军“扫荡”根据地时，韩部应与新四军积极配合，共同抗击日军。同时，由于日军部队深入，原占领地必然空虚，韩部应相机“退回原防”，策应新四军反“扫荡”。然而，协议的墨迹依然清晰，韩德勤却完全背道而驰。

3 月 1 日，在根据地军民全力进行反“扫荡”时，韩部非但不予协助作战，反而以突然袭击的方式乘机西进抢占淮海区根据地的里仁集、程道口等地。对韩部突如其来的背信举措，陈毅闻报后震怒，但从大局计，仍派人前往晓以大义，婉言规劝其遵守协议，不要做出亲痛仇快的事情。然而韩德勤非但不迷途知返，反而变本加厉，得寸进尺。3 月中旬，韩亲率黄桥战役后重建的第 89 军和李仲寰的独立第 6 旅、王光夏的保安第 3 纵队等部西渡运河，侵占淮北根据地中心区域金锁镇、界头集、山子头一带，公然扣押根据地地方干部，强缴地方武装枪械，杀害新四军伤员，并企图委任他们的区长、乡长。韩德勤的胃口很大，他是想乘日军“扫荡”新四军之机，与汤恩伯的第 31 集团军东西对进，

山子头战斗后，陈毅代军长与淮北党政军领导人合影。左起：刘子久、邓子恢、陈毅、彭雪枫、刘瑞龙、吴芝圃

夹击新四军第4师彭雪枫部，抢占淮北，建立新的反共基地，进而图谋整个苏北。因此，在进占山子头一带后，他命令第89军继续西进，接应汤部。这时汤恩伯的副总司令王仲廉部正在东进，不久就越过了津浦铁路，与第89军会合。

淮北是华中根据地的西大门，是连接华北、华中的纽带，战略地位非常重要。如果顽军占据淮北，而苏北地区正遭受日军“扫荡”，必然形成日伪顽夹击的局面，后果不堪设想。韩德勤的背信弃义给坚持华中抗战带来了复杂因素，新四军不得不直面这样严峻的现实。

淮南黄花塘新四军军部一间简陋的作战指挥室内，代军长陈毅、副军长张云逸、政委饶漱石、参谋长赖传珠正面对一张军用地图研究应

新四军军部领导人在黄花塘合影。左起：曾山、陈毅、赖传珠、饶漱石

对方案。对战场形势的及时判断与决断是对指挥员的重要考验。决策的慎重与战机的稍纵即逝是矛盾的，而取其利弊后的果断又是必需的。

陈毅经过思考后，下定了决心。他对张云逸、饶漱石、赖传珠说："他韩德勤不仁，就不要怪我陈毅无义。"随之，新四军决定以武力驱逐韩德勤。

军部很快形成统一意见，并致电中央：

韩部自遭敌"扫荡"后，所窜到我地区部队，均受到我方积极帮助，其部队收容送还，发动各地居民热烈慰问，送粮、猪、款慰劳，给予许多便利。但是，该部所经之地，逮捕我工作人员，破坏、抢劫、奸淫到处可闻，引起群众大为不满。现盐阜地区"扫荡"已结束，敌已大部撤退。我已经多方劝告，要其遵守黄韩谈判之诺言，本着团结抗战之精神，欢送其返原地坚持抗战。但据确悉，韩已集中主力在里仁集至程道口一线，不仅企图立稳脚跟，不返原防，而且严令王仲廉部东进，迅速会合于淮北地区，侵夺洪泽湖两岸，建立新根据地和对我作全盘打算。为自卫计，令四师主力及五旅、淮海部队，开始坚决驱逐进入我洪泽湖东岸之王光夏，并逼返回原防，然后转向应付王仲廉东进。

中央立刻复电同意。参谋长赖传珠拟就作战部署。其战役主攻任务由4师负责，2师、3师派一部协同作战。3月14日，军部电示4师师长彭雪枫、2师师长罗炳辉、3师师长黄克诚，通报战役要求及战役部署。电报称：

为击破顽韩在洪泽湖边建立根据地之企图，并粉碎王仲廉之东进，巩固我现阵地计，第四师主力及二师五旅、三师七旅与淮海军分区部队归第四师彭(雪枫)邓(子恢)统一指挥，歼灭该顽。

15日，军部又致电彭雪枫、罗炳辉、黄克诚：

各部接电后限17日前行动。临时指挥部及五旅电台立即与四师取得联络，听候四师彭、邓指挥。彭、邓应即进行具体部署并具报本部。

为了防止各地顽军报复，同一天，陈毅、饶漱石还电示1师师长粟裕及3师师长黄克诚等：

……我们为自卫起见，决本先礼后兵的方针，以武力驱逐其重返原防。我们估计在自卫战斗发生后，各方顽军可能采取报复行动，向我附近各地突击或进攻。因此你们：一、必须加强侦察警戒，免为所乘；二、对所在地友军各方仍维持原有友好关系，但在目前不必派重要代表或干部前往接洽或活动，免被扣留或捕杀；三、将你处友军各方面的反映随时电告我们。

在接到军部命令后，4师师长彭雪枫、政委邓子恢火速集结部队，进行战役部署。彭雪枫、邓子恢召集9旅旅长韦国清、11旅旅长滕海清等举行战前会议。决定第9旅主力由旅长韦国清指挥，歼灭山子头地区之韩德勤总部和王光夏的保安第3纵队；第11旅及第5旅一部归旅长滕海清、政委赖毅指挥，攻击李仲寰的独立第6旅。各部黄昏进入攻击位置。

17日下午，战役进入倒计时。因战役主攻方向在山子头，故此役称“山子头战役”。

山子头位于成子湖西北岸，是一条西南、东北走向的土岗子。韩总部和王光夏的第3纵队分别盘踞在岗上的几个村子里，其中韩总部设在王圩的一座地主庄园里。为了出奇制胜，韦国清决定将部队隐蔽在离战区较远的朱湖、许圩、马宅地区，采取远途奔袭的战术，直捣韩总部。

下午3时，9旅部队在马宅地区集结完毕。晚上8时，各部分别从驻地出发，取捷径直奔山子头。

3月的天气瞬息万变。部队出发时，还是皓月当空，星光点点。快接近山子头的时候，突然乌云密布，电闪雷鸣，下起了大雨。指战员们穿着湿透的衣服在泥泞的道路上急速前进。

大雨给行军带来了困难，同时也帮了大忙。原来韩部驻地附近都设有固定哨、流动哨，戒备森严。由于下起了大雨，哨兵们都撤回到房内避雨。新四军攻击部队到了眼皮底下，他们依然没有发现。

晚 12 时，一阵清脆的枪声打破了夜的沉寂。山子头战役总攻开始。9 旅各部按预定计划扑向顽军，发起猛烈攻击。顽军被打了个措手不及，许多人刚从睡梦中惊醒，就束手就擒。激战到 18 日凌晨 4 时，山子头地区的顽军被逐个歼灭。参战部队迅速扫清外围据点，直逼韩德勤指挥部。

国民党江苏省主席韩德勤出尔反尔，违背双方协议，侵占淮北山子头等新四军防地，并大肆抢掠群众财物，破坏团结抗日。4师主力自卫反击，韩德勤被生擒。中共中央以抗日大局为重，发还其部分人枪，并划出睢宁至宿迁地区为其驻地，继续行使江苏省政府职权。图为陈毅代军长在淮北教育释放韩德勤

这是一座深沟高墙的地主庄园，四合院的院墙全是清一色青砖砌成，守卫的顽军利用坚固的房屋做垂死挣扎。担负攻打任务的是9旅25团3营8连，指导员孙长兴率领3排用机枪封锁大门，将顽军全部压缩在院内。连长齐德宽率领2排奋勇登上韩总部的房顶，居高临下向院内扫射和投弹。顽军退缩到屋内，继续负隅顽抗。齐德宽让战士们在房顶上挖了几个洞，向屋内丢手榴弹。随着一阵“轰轰”的爆炸声，顽军被炸得鬼哭狼嚎，只好又跑到院里来举手投降。指导员孙长兴在战斗中头部负伤。他顾不上包扎伤口，抓住一个俘虏，问其韩德勤在哪里。这个俘虏哆哆嗦嗦地指指屋内，说韩德勤和王光夏都在里屋。孙长兴一挥手，带着几个战士冲了进去。举枪顽抗的王光夏被当场击毙。

新四军这么快就兵临城下，韩德勤吃惊不小。他看到四面燃烧的熊熊烈火，预感到败局已定。他不禁想起1931年他的第52师被红军全歼后，自己扮成士兵混在俘虏里侥幸逃脱，此后他总以为大难不死必有后福。谁知福未降至，祸又临头。他只有故伎重演了，于是赶快脱去军装，穿上便服，拿着一把精致的小手枪和刻有“蒋中正赠”的金柄短剑，准备乘乱逃走。然而，这次他没有那么幸运了，他看到的是数十支冷冰冰的枪口。

山子头战役全歼了国民党鲁苏战区副总部及保安第3纵队、独立第6旅，俘鲁苏战区副司令长官韩德勤、参谋长吕汉劲以下1000多人，击毙保安第3纵队司令王光夏、独立第6旅旅长李仲寰。这一战役对新四军坚持敌后抗战有着十分重要的作用。战役之后，韩德勤表态决不再与新四军摩擦。根据陈毅指示，新四军交还韩400多人、300多支枪以及一部电台。另外，原来缴获韩德勤的收音机、貂皮大衣以及夜光钢笔都发还给他。陈毅还特别给了他8万元作为活动经费。韩德勤被礼送出境。

山子头战役与刘老庄战斗的发生有着直接的联系。4连本来是应该参加山子头战役，担任机动部队的，但却被不期而遇的日军“扫荡”部队包围在刘老庄，从而导致遭遇战的发生，直至4连全体殉国。所以从某种意义上来说，山子头战役的全胜，也是对82烈士的一种告慰。

# 八 | 永存的精神高地

7 旅 19 团团长胡炳云在奉命开往淮北参战时，得到关于 4 连情况的汇报，知道 4 连与日军遭遇，并为掩护 6 连撤退、根据地群众转移而顽强抗击日军。由于军令如山，全团要参加新的战役，胡炳云无法安排部队救援，但心里一直惦记着 4 连。直到山子头战役结束，胡炳云便迫不及待地了解 4 连情况，但得到的却是噩耗。胡炳云以及全团指战员无不万分悲痛。

战事结束后，19 团迅速返回淮阴，凭吊了刘老庄战场。3 月 29 日，胡炳云率 19 团在淮阴郑潭口小学院内召开追悼大会，隆重悼念为国捐躯的 4 连战友。同时，将 4 连的英雄事迹向上级写了报告。在报告中特别提到，4 连为掩护主力部队、掩护群众转移而全部战死疆场，充分体现了新四军不怕牺牲、服务人民的铁军精神。4 连的事迹被逐级上报。3 师师长黄克诚闻报后，感慨万千，心绪难平。他认为 4 连也是 3 师全体将士的骄傲，称 4 连“为国尽忠、为民族尽孝的精神可歌可泣”。以后，黄克诚在其回忆录中专门谈到了刘老庄战斗，并说：“他们用自己的生命谱写了人民军队气壮山河的英雄篇章，值得永远怀念。”

4 连的英勇事迹也极大地震撼了地方。淮海地委立即做出决定，从地方武装涟水县总队抽调 82 人补入 19 团，重新组建 2 营 4 连，以继承和弘扬烈士为国捐躯的爱国主义精神。黄克诚闻知后代表师党委，决定将 4 连命名为“刘老庄连”。至此，“刘老庄连”便取代 4 连，成为对这一英雄集体的称呼。刘老庄这样一个原来名不见经传的村庄，也因为刘老庄连而扬名全国。

在烈士牺牲的地方，淮阴人民当天含泪收殓了烈士的忠骸，并于 3 天后为 82 位烈士举行了公葬。淮阴县党政机关和人民群众参加了公葬仪式，安葬了烈士英灵，并竖起高达五丈的纪念碑，碑上刻着烈士的英名。黄克诚为之题词：“英勇战斗，壮烈牺牲，军人模范，民族光荣。”副师长张爱萍题词：“八二烈士，抗敌三千，以少胜多，美名万古传。”

新四军第3师第7旅司令部、政治部命名4连为“刘老庄连”的锦旗

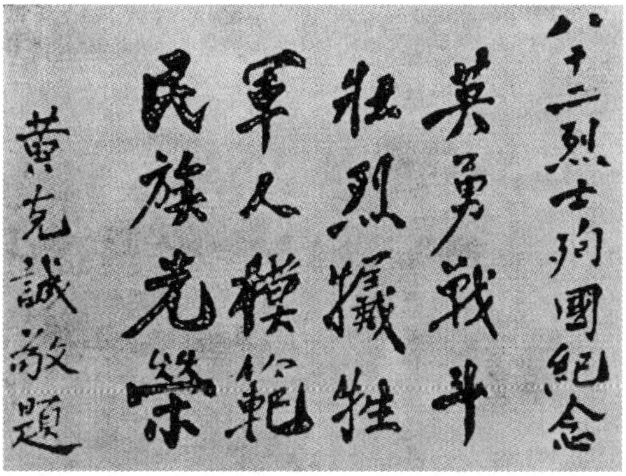

黄克诚为英勇牺牲的刘老庄82烈士题词

因为是在频繁战争的年代，当时为烈士修筑的是一座土墓。到了抗战胜利后的1946年，苏皖边区政府决定重建82烈士墓，同时兴建了烈士陵园。陵园四角建有台阁，园中建了“壮志亭”、纪念堂，栽植了松柏和杨柳。时任苏皖边区政府主席李一氓题赠挽联：“由陕西到苏北敌后英名传八路，从拂晓达黄昏全连苦战殉刘庄。”并撰写了《八十二烈士墓碑记》。李一氓的碑记，饱蘸情感地叙述了4连的阻击战经过，读之让人潸然泪下：

……这个连，82个人，从拂晓到黄昏，度过那极端紧张、残酷、饥饿、悲壮的12小时。只有枪声、炮弹声、手榴弹声；只有鲜血、挣扎和死。82个，81个，80个，79个，78个，一个个的递减到不成为连。两个排，一个排，两个班，最后还不到一个班。整天的战斗，整天的射击，剩下来的人和剩下来的子弹，最后还不到供一支枪的连放。绝望地牺牲下去，亦英勇地牺牲下去。他们凭了什么有这样一股不屈、不挠、不止的抵抗力量呢？

这个问号，李一氓并没有直接回答，而是让人们去深思、解读。

张爱萍为英勇牺牲的刘老庄82烈士题词

纪念碑落成后不久的一天黄昏，一对风尘仆仆、远道赶来的老年夫妇来到碑前。老太太触景生情，抚碑恸哭。老大爷在一旁泪如雨下，泣不成声。这时，一位军人走过来扶起老太太说："孩子死得如此体面，还不值吗？”远处，云霞似火，残阳如血，染红了半边天。然后，他绕碑一周，庄重地敬了一个军礼。这位军人就是4连的老领导、老战友，曾经担任19团团长的胡炳云。

刘老庄82勇士是整个中国共产党领导的人民军队英勇顽强、不怕牺牲的典范。他们的事迹对激励人民军队英勇征战、所向无敌有着积极的意义和作用。所以在当时，很多媒体都在宣传刘老庄82烈士。

1943年7月，也就是在刘老庄战斗后的几个月，延安《解放日报》即刊载肖人的署名文章《壮烈的四连——记刘老庄战斗》。这是一篇通讯报道式的文章，也是最早详细公开报道刘老庄战斗的文章。关于战场的激励战斗，该文是这样叙述的：

……敌人接连着冲了六次，被打垮了六次。敌指挥官知道这样硬攻是不行的，经过一刻的恼怒的焦虑后大声地吩咐着：距交通沟一里路的地方架好了炮，半里路处架好了掷弹筒与机关枪。战斗停止了一刻，只是短暂的一刻，接着枪炮声大作，枪炮弹像一阵猛烈的暴风雨似的降落在我军的阵地上，指战员们伤亡很大，弹药也更少了，凭依着作战的沟崖也逐渐地被炮火摧平了。战士们的血沸腾着，对敌人的仇恨心也随着敌人的狂暴而增长着。在敌人的凶猛的火力下，连抬一下头都是不容易的，但仍尽量利用一切可能寻找着稍好的地形，不放松打击敌人的机会。

天是晌午的时候了，代替了枪炮声的太阳和暖的光线闪耀着，给战士们一点清新的感觉。在敌人炮火下剩下的一个排，与敌人的数量比起来是差得那样远，但看着死了的战友，同志们含着夺眶欲出的眼泪，把刺刀上起来与冲上来的敌人作最后搏斗，敌人又是一批一批地被打倒了，而四连英勇的战士们，也一次一次地减少了，子弹光了，手榴弹也光了，敌人还在一步一步地紧逼着，眼看手中的武器，这是多么可爱的

刘老庄82烈士陵园

武器呀!每一支枪都是有一段值得回忆的历史，真的就叫敌人拿去吗？战士们痛苦地咬紧了牙关，迅速地把枪折毁了，丢得远远的，心里说道：“别了，可爱的朋友们!”

作者将4连战士最后与武器的告别方式写得异常悲壮，凸显了战士们面对即将与阵地共存亡的视死如归和大义凛然。面对4连的全部阵亡，文章最后写道：

太阳也似乎在哀悼着壮烈的四连，而用它的金光紧盯着战士的平静的面孔，愈显得战士们的伟大与光荣!

由于《解放日报》的覆盖面和影响力，所以刘老庄战斗中的4连事迹迅速在全军传播，成为抗战时期人民军队的群体典型和英雄代表。

1946年6月，蒋介石集团调集重兵，以围攻中原解放区为起点，挑起全面内战。中国人民解放军被迫选择以战争来争取和平。当时国民党军队有海陆空430多万人，装备先进，武器精良。其中四分之一是美式装备，并拥有相当数量的坦克、作战飞机和海军舰艇。而人民解放军只有61万人的正规军和66万人的地方武装。要打赢人民解放战争的胜利，不仅需要决策者的正确指挥，人民群众的坚定支持，还有一个重要条件，即军队指战员英勇果敢的钢铁意志和不怕牺牲的精神风貌。这就需要弘扬伟大的抗战精神，以及宣传在抗日战争中共产党军队的英雄楷模。这年的6月17日，《新华日报》（华中版）发表署名铁鸣的文章《八十二烈士——淮阴抗战故事》，以报告文学的形式，再现刘老庄82烈士的战斗经历和大无畏的革命英雄主义。《新华日报》（华中版）是在抗战胜利后成立的中共中央华中分局的机关报。而当时的华中分局驻地即在淮阴，也就是刘老庄战斗的发生地。这样的地域载体就使得《八十二烈士——淮阴抗战故事》更加特殊和具有感染力。4连进入刘老庄与日军交火前的情况，文章如此叙述：

……白连长沿村子四周看了一遍，放出军事哨，然后下令部队睡觉。他还把值日排长唤到跟前吩咐道："天亮的时候，还要起来查哨……"

战胜通宵疲劳的战士们，现在又被疲劳拖住了，他们静悄悄地抱着自己的武器，把僵冷而疲倦的身体倒在麦草堆里，没有卸武器，也没有解背包，在拂晓之前，全连已像虾米似的呼呼入睡了。

晴朗的晨光，唤醒了宁静的村庄，太阳还没有出来，成群的麻雀在檐下争吵，白胸膛的喜鹊儿站在枝头上翘着尾巴冷叫。从睡眠中恢复了疲劳的农民们，都起来弄饭了。但战士们一点也不曾感到这一切的惊扰，依然沉沉熟睡着。

日本人下乡"扫荡"的消息，又从远而近地波荡过来，村庄骚动了，老百姓开始跑反，像从河堤缺口冲下来的大水，汹涌地向田野泛滥开去。

这就为即将到来的遭遇战做了铺垫。作者继之详细地介绍战斗发生的经过和4连的英勇表现。在4连面临绝境的最后关头，文章不吝笔墨，描述非常具体，读之不禁让人潸然泪下，唏嘘不已。

日本人的进攻不但没有稍缓，反而越来越紧逼起来，他们抢占小路沟的两头，机关枪对着路沟两头处打过来，迫击炮、掷弹筒像热锅里炒的苞谷似的，前后左右到处爆炸着，几个炮弹落在沟心里，敌人是想用狂烈的炮火来毁灭这个顽强的堡垒。

……

连长突然张开焦裂的嘴唇自豪地说："我们不叫敌人抓住一个活的，也不叫敌人得到一支好枪，这都是我们用血泪换来的。同志们，把机关枪和多下来的步枪统统破坏掉!"战士们把4挺轻机枪和1挺重机关枪都拆卸下来，东一件西一件，把零件撒得无影无踪，只留下枪筒子和支脚架，多余的步枪也被打断和砸坏了，机柄都埋到土里，连长把驳壳枪也扔掉了，把身上的记录本和口令也撕得粉碎，抛到空中叫风吹散了。他从支书、指导员的皮包里把重要的表册和秘密文件取出来撕成雪花似的碎片，凭借着春风把它刮到辽远的空荡里去了。

在这时候，日本人的战火更密集地打过来，还夹杂狼嚎似的叫骂声，敌人是在组织最后的冲锋了，他们决心在黄昏前，消灭这支顽强的新四军。情况更加的恶劣了，什么幻想和希望都没有了。白连长机警地意识到，援兵是来不了的，除了自己拼命冲出去外，再没有别的办法。

"他妈的，日本鬼子，他一定要毁灭我们，我们愿意眼巴巴地等死吗？……不，我们是中国人，是共产党的部队，我们只有拼到底啊……同志们，我们冲出去，冲出去就是活路，冲不出去就死在一起……"连长眨着眼睛，话说不下去了，时间也不许他再说了。大家自动地把枪上的勾机卸掉，把好的刺刀换上了。

敌人的炮火带来的烟雾和尘沙笼罩了天日和田野。连长把所有三十几个同伴分成三路，活虎一般跳出路沟，埋着头，屏着气，各向不同的方向冲去。敌人的机枪像飞蝗过境似的，从四面八方扫射过来，突围的英雄们咬紧牙根，一个挨一个地在烟雾中倒下去。……他们完全牺牲了，壮烈的热血，滴洒在祖国的土地里、湿润在嫩绿的麦苗上。

作者最后充满感情地称：

在中国人民的记忆里，将永远不会忘记这支伟大的不朽的人民武装——新四军第三师第七旅第十九团的第四连。

作者向我们展现了一幅抗战的壮烈画面。4 连是整个为抗战而献身疆场的烈士的缩影，是整个新四军誓死抗敌，保家卫国崇高精神的礼赞。面对这一悲壮的场面，我们怎能不为之动容，怎能不沸腾起一腔热血。

由于当时报纸的宣传，4 连的英雄事迹迅速传遍整个共产党领导的军队，成为军中骄傲。正是刘老庄 82 勇士的榜样力量，在解放战争和抗美援朝战斗中，才涌现出诸如董存瑞、邱少云、黄继光等为代表的英雄人物，成为一代军人的模范，人民军队的骄傲。当年，刘老庄 82 勇士的事迹，也受到了八路军总部和新四军军部领导的高度赞扬。朱德总司令在《八路军新四军的英雄主义》一文中指出：“我们部队仍然创造了许多史无前例的英雄业绩，涌现出许多出类拔萃的新的英雄们……如著名的平型关大捷，阳明堡火烧敌机，使敌人胆寒的百团大战，狼牙山五勇士的壮烈跳崖，全排壮烈牺牲的马城村坚守战，黄崖洞保卫战，全连八十二人全部壮烈殉国的淮北刘老庄战斗，南北岱崮坚守战，韩

新四军3师大反攻誓师大会

略村伏击战，甄家庄歼灭战，无一不是我军指战员的英雄主义的最高表现。”“英雄主义的最高表现”也是对刘老庄82烈士的最高褒奖。新四军代军长陈毅盛赞82烈士浴血刘老庄是“惊天地而泣鬼神的壮举”，此后在《新四军在华中》一文中，陈毅再次赞誉82勇士：“烈士们殉国牺牲之忠勇精神，固可以垂式范而励来兹。”

新中国成立后，人们依然没忘记包括刘老庄82烈士在内的为民族独立和新中国诞生而光荣牺牲的那些集体和个人。2005年，时任中共中央总书记、国家主席、中央军委主席胡锦涛在中国人民抗日战争暨世界反法西斯战争胜利60周年纪念大会上所作的重要讲话中指出，“杨靖宇、赵尚志、左权、彭雪枫、佟麟阁、赵登禹、张自忠、戴安澜等一批抗日将领，八路军‘狼牙山五壮士’、新四军‘刘老庄连’、东北抗联八位女战士、国民党军‘八百壮士’等众多英雄群体，就是中国人民不畏强暴、英勇抗争的杰出代表”。

由于在解放战争中刻有烈士名录的82烈士纪念碑被国民党军炸毁，加上部队的变迁，历史的久远，以致82烈士的名单至今都不能全部复原，成为憾事。近来，经淮安市党史工作者、民政部门以及热心人士的考证、挖掘、研究，已确认部分烈士名录。在此，敬录如下：

连长白思才，指导员李云鹏，副连长石学富，排长尉庆忠、蒋元连、刘登甫、王世祥、李道合、马汉良，文化教员孙尊明，班长刘忠胜、王洪远、王中良、宋迎春、袁培臣，事务长胡志法，文书罗桥，卫生员杨林彪，战士王步珠、田执信、张立伦、刘守业、靳宪珠、翁兆法、任国监、蒯德山……

他们的名字将永远镌刻在中华民族解放历史的丰碑上，成为永恒记忆。

为了更加广泛地传颂刘老庄82烈士的英勇壮举，有关方面专门创作了一首《咱们的刘老庄》歌曲，由空政文工团的佟铁鑫首唱。歌词有这样几句：“从陕北到苏北血浸华夏土壤，自拂晓达黄昏全连苦战刘老庄，不灭的是忠魂，不屈的是悲壮，赴国难的战士挺起民族的脊梁……”旋律起伏跌宕，激昂向上，彰显了英雄逝去，精神永存的主题。

淮阴籍著名诗人赵恺面对曾经发生在他家乡的这段悲壮历史，感慨地说："从拂晓到昏黄，以一条交通沟作为工事誓死相拼。最后，全连成建制地壮烈捐躯。刘老庄战斗，当代《正气歌》，中国军人的神性光辉。"诗人充满激情地写下了《刘老庄》长诗，用文学与历史的碰撞，闪烁出一种独特的灿烂以及扣人心扉的力量。诗的最后如此叙述 82 烈士：

……

在天堂门前拥抱刘老庄，

血拥抱血，

爱拥抱爱。

十指之根，

深深抠进泥土里。

刘老庄对人类的不朽贡献是：

把村庄变成为圣殿，

把人性提升为神性。

八十二尊峰峦拔地而起，

中国大地图上，

长出一座刘老庄山系。

"刘老庄山系"是赵恺的原创，是神来之笔，大气之喻。

仰望这座山系，蜿蜒绵长，峰峦叠嶂，气势恢宏，巍峨挺拔。她就是一切为着民族苦难不再而慷慨赴死的所有英烈的精神凝结，是中华民族不屈意志的象征。

刘老庄连，民族骄傲，精神永恒！

# 主要参考资料


1.郑云华，舒健．中国革命战争纪实·抗日战争（新四军卷）．北京：人民出版社，2007.

2.张开明．新四军统战纪实．北京：中共党史出版社，2007.

3.《黄克诚传》编写组．黄克诚传．北京：当代中国出版社，2012.

4.王若渊．黄克诚与苏北抗日根据地．北京：中共党史出版社，2002.

5.黄克诚．黄克诚回忆录．北京：解放军文艺出版社，1989.

6.中共淮安市委组织部，中共淮安市委党史工作办公室．新四军刘老庄连．北京：中共党史出版社，2013.

7.中共江苏省委党史工作委员会．苏北抗日斗争史稿．南京：江苏人民出版社，1994.

8.盐城党史办公室．苏北有个盐城：盐城抗战史话．北京：中共党史出版社，2005.

9.中共淮阴市委党史工作委员会．淮阴人民革命斗争史．哈尔滨：黑龙江人民出版社，1993.

10．淮安市新四军历史研究会．新四军在淮安纪事．北京：中共党史出版社，2009.